CW01660370

**Прочитав эту книгу, вы:**

- на примерах из реальной жизни убедитесь, что за каждым нашим высказыванием есть подтекст, который важно вовремя понять и учесть;
- научитесь замечать социально желательные ответы и выявлять истинные намерения собеседника;
- обретете преимущество в любых переговорах.

Светлана Иванова

# Я СЛЫШУ, ЧТО ВЫ ДУМАЕТЕ НА САМОМ ДЕЛЕ

*3-е издание*

альпина
ПАБЛИШЕР

МОСКВА
2018

УДК 314.04
ББК 60.7
И20

**Иванова С.**

И20 Я слышу, что вы думаете на самом деле / Светлана Иванова. — 3-е изд. — М.: Альпина Паблишер, 2018. — 138 с.

ISBN 978-5-9614-6669-0

Мы заключаем контракты и устраиваемся на новое место, руководим отделами и целыми компаниями, проводим интервью с потенциальными кандидатами и ведем переговоры. Мы внимательно слушаем слова собеседника, но как понять, что он на самом деле думает?

Все дело в разнице между текстом и подтекстом — очень часто мы говорим одно, а подразумеваем совсем другое. Имея навыки анализа речи, несложно определить, когда подчиненный не уверен в своих силах, партнер не выполнит свои обязательства, кандидат не годится на данную вакансию, а ваш собственный ребенок вас обманывает. Нас выдают слова — даже если мы изо всех сил стараемся скрывать свои истинные мысли.

Новая книга Светланы Ивановой, гуру в области оценки и автора бестселлера в сфере продаж, дает ценный навык: учит нас анализировать подтекст высказываний. Множество практических заданий и примеров из многолетней практики автора помогут быстро разобраться в вопросе и успешно применять полученные знания — вовремя вычисляя, что на самом деле думает, во что верит и чем мотивирован собеседник.

УДК 314.04
ББК 60.7

*Все права защищены. Никакая часть этой книги не может быть воспроизведена в какой бы то ни было форме и какими бы то ни было средствами, включая размещение в сети интернет и в корпоративных сетях, а также запись в память ЭВМ для частного или публичного использования, без письменного разрешения владельца авторских прав. По вопросу организации доступа к электронной библиотеке издательства обращайтесь по адресу mylib@alpina.ru*

© Иванова С., 2014
© ООО «Альпина Паблишер», 2018

ISBN 978-5-9614-6669-0

# Содержание

# Введение

*Если женщина говорит «нет», то это значит «может быть». Если военный говорит «нет», то это значит «нет». Если дипломат говорит «нет», то какой же он дипломат? Если женщина говорит «может быть», то это значит «да». Если дипломат говорит «может быть», то это значит «нет». Если военный говорит «может быть», то какой же он военный? Если дипломат говорит «да», то это значит «может быть». Если военный говорит «да», то это значит «да». Если женщина говорит «да», то какая же она женщина?*

Анекдот

В довольно известном сериале последних лет главный герой доктор Хаус говорит: «Все лгут», имея в виду пациентов, которые скрывают некоторые обстоятельства своей жизни, тем самым мешая поставить верный диагноз. Я не буду столь категорична и скажу несколько по-другому: многие люди говорят не всю правду, недоговаривают, не уверены в том, что обещают, подают правду под определенным соусом.

Находясь в значимой для себя ситуации — важные переговоры, устройство на работу, беседа с руководителем, — многие люди (а может быть, и все) «фильтруют» свою речь, дают социально желательные ответы. Стремясь получить более выгодные условия в ходе переговоров, многие партнеры обещают то, во что сами не верят (или, по крайней мере, в чем сомневаются). Руководитель, желая удержать вас на работе, обещает то, что не может сделать. Подчиненный, стараясь вам не противоречить, подписывается на достижение результата, в котором вовсе не уверен. Ваш ребенок тоже вам что-то обещает… Как во всех этих случаях понять, что на самом деле думает, во что верит, чем мотивирован собеседник? Что он реально сделает, а что только обещает? Именно на эти вопросы мы с вами и попытаемся найти ответы.

Во многих случаях человек не пытается нас обмануть, но в его речи есть важный подтекст, который дает нам важную информацию о нем, — но только в том случае, если мы умеем этот подтекст заметить. Например, вам говорят: «Летом мы такую скидку дать не можем». Какой подтекст есть в этой фразе? В другое время года подобный уровень скидок можно обсуждать. И это отличный повод продолжить переговоры. На собеседовании с кандидатом мы хотим понять, будет ли человек долго работать в компании или он настроен создать собственный бизнес. И задаем вопрос: «Вы планируете создать свой бизнес?» Первый кандидат отвечает: «Нет, не планирую». А второй говорит: «*В настоящее время* не планирую». С кем из них больше рисков? Конечно, со вторым. Подтекст высказывания таков: в настоящее время нет, не планирую создавать собственный бизнес, но так будет не всегда. И у вас появилась дополнительная информация для принятия решения.

Чуть позже мы обсудим, в чем отличие подтекста, или пропозиций, от лжи и дезинформации. Но сразу хочу вас призвать читать эту книгу как руководство по тому, как лучше понимать истинные намерения людей. Это не пособие по выявлению лжи — такая цель перед нами не стоит.

Эта книга не претендует на фундаментальность подхода. Я лишь хочу поделиться с вами тем, что уже много лет помогает мне гораздо лучше понимать людей как в бизнесе, так и в личной жизни. Я буду использовать и общепринятые термины, и создавать собственные рабочие определения для удобства изложения. Материал книги основан на большом практическом опыте в нескольких направлениях, каждому из которых найдется место: ведение коммерческих переговоров различного уровня, переговоры в тендерах, проведение интервью при подборе персонала (за годы работы я провела их более 12 000), проведение аттестаций, управление подчиненными. Эта книга будет интересна и полезна всем тем, кто управляет людьми, подбирает персонал, ведет переговоры любого уровня, хочет лучше понимать начальника и коллег, а также своих друзей и близких.

Книга построена следующим образом: все темы рассматриваются как теоретически, так и на различных примерах из практики. Примеры сознательно взяты из самых разных сфер — управление персоналом, проведение интервью с кандидатами, переговоры с партнерами. В ряде разделов вам будут предложены практические упражнения, выполняя которые можно потренироваться и прибрести базовые навыки.

В книге рассматривается только сама речь — я не буду обращаться к анализу невербальной составляющей. Это неслучайно: лучше Аллана Пиза[1] вряд ли возможно осветить этот аспект, а повторяться не хочется. Кроме того, многие книги по переговорам и продажам подробно об этом рассказывают. А вот детальный анализ лингвистической составляющей — тема, которая практически не освещена, будучи в то же время крайне важной для понимания истинной позиции собеседника. Еще одна причина того, почему я не обращаюсь к невербальным сигналам, такова: во многих ситуациях (сложные переговоры, интервью, разговор с руководителем) люди испытывают волнение и напряженность, что часто делает невербальные сигналы неестественными. Да и некоторые признаки сильного волнения и лжи просто совпадают. А вот анализ лингвистической составляющей беседы позволяет определить и разные эмоции.

Итак, приглашаю вас в путь, в конце которого вы сможете сказать: «Я слышу, что вы думаете на самом деле»!

---

[1] Гарнер А., Пиз А. Язык разговора. — М.: Эксмо-Пресс, 2007. — *Прим. ред.*

# Текст и подтекст, правда и неправда… В чем отличие?

*Ах, обмануть меня не трудно!.. Я сам обманываться рад!*

А. С. Пушкин

Многие из нас привыкли видеть черное и белое во всем, забывая, что гораздо чаще в жизни встречаются полутона. Например, немало людей, причем вполне успешных и интеллектуально развитых, не видят разницы между такими фразами, как «нам не сказали всю правду», «мы не узнали всей правды», «нам сказали неправду» и даже, что совсем неверно, «нас обманули». По крайней мере, много лет занимаясь тренингами по управлению, мотивации и особенно проведению и оценке интервью, я постоянно сталкиваюсь с подобной путаницей.

Давайте разберемся, чем отличаются данные фразы: это поможет избежать ошибок в оценке других людей и полученной от них информации.

- «*Нам не сказали всю правду*». Эта фраза может означать очень многое: человек сказал только часть правды, а часть утаил либо вольно или невольно слегка завуалировал факты, подал их в более привлекательном виде. Например, коллега говорит: «У тебя сегодня классная прическа», при этом умалчивая о неудачно подобранном костюме. Или потенциальный партнер по бизнесу отмечает, что ему нравится ассортимент и маркетинговая политика, но не упоминает о том, что его смущают цены (кстати, именно такова в большинстве случаев природа скрытых возражений).

- «*Мы не узнали всей правды*». Возможно, человек вовсе не собирался ничего утаивать или приукрашивать, но мы не сумели понять, что именно он имел в виду. В отличие от предыдущего случая здесь причина получения неполной информации заложена не в говорящем, а в слушающем. Например, сотрудник или кандидат говорит, что «постарается это сделать», не добавляя, что «не вполне уверен в успехе». Он, скорее всего, ничего не пытается скрыть (по крайней мере, сознательно), и только от нас зависит, сможем ли мы правильно его понять.
- «*Нам сказали неправду*». В данном случае речь идет уже о сознательном искажении информации говорящим, ну а мы в некоторой степени его в этом обвиняем. Например, кандидат во время интервью подтверждает наличие навыка, которого у него на самом деле нет, или партнер обещает совершенно нереальную скидку.
- «*Нас обманули*». А вот это уже двусторонний процесс: одна сторона сознательно искажает информацию, а вторая позволяет это делать. В этом случае ответственны оба собеседника.

Для того чтобы говорить о *подтексте* (иначе говоря — *пропозициях*) в речи людей, понимать, что они думают на самом деле, произнося те или иные слова, очень важно уметь разграничить все эти случаи и никогда не ставить диагнозы. Мы можем лишь выдвигать гипотезы, требующие проверки.

Одно и то же высказывание может нести в себе совершенно разный смысл. Например, человек говорит: «В целом я хорошо говорю по-английски». Это может означать и неуверенность, и самокритичность, и сознательную попытку ввести собеседника в заблуждение. И основной способ застраховаться от ошибочных суждений о людях и природе их поведения — это проверить все гипотезы на верность.

Итак, остановимся на следующем: по разным причинам многие люди не говорят прямым текстом о своей неуверенности, оценке происходящего и многом другом. Но это не значит, что они лгут. Правда зашифрована в подтексте.

Пример прямого текста: «Я не уверен, что у меня получится, но приложу все усилия, чтобы это сделать. Пример высказывания, содержащего подтекст: «Я постараюсь это сделать». А вот природа подтекста может быть разной.

Итак, почему же большинство людей не говорит прямым текстом, а гораздо чаще выдает подтекст?

# Домысливание

*Вспомним любимый многими поколениями фильм «Бриллиантовая рука»: «Сеня, ну-ка быстро объясни товарищу, зачем Володька сбрил усы». Действительно ли Сеня может это объяснить?*

Может-то может, только будет ли это объяснение верным? На чем оно будет основано? К сожалению, в бизнесе, переговорах, интервью и личной жизни мы очень часто домысливаем намерения собеседника и причины его поведения. Порой это приводит к ошибкам в управлении, переговорах, оценке кандидатов, но не только в этом. Самое страшное, что это ведет к серьезным проблемам в жизни в целом — в отношениях с близкими людьми, которым мы приписываем совсем не те намерения, которые у них на самом деле есть. К сожалению, нередко мы додумываем гораздо худшее, чем есть в реальности. Часто эта негативная и вредная привычка появляется еще в детстве и юности. «Он не пригласил меня в кино, значит, он меня не любит» — так решает школьница, не думая о том, что может быть масса других причин, в том числе и вполне позитивных. Например, молодой человек копит деньги ей же на подарок. А может быть, он просто не любит ходить в кино и именно поэтому решил, что и его девушке ходить в кино не хочется.

Домысливание, его природу и то, как от негативной привычки можно избавиться, мы сейчас и обсудим.

Первый и самый главный шаг в этом направлении — задуматься о самой проблеме приписывания человеку тех или иных намерений и разнице между гипотезой и фактом. Давайте договоримся о терминах. *Факт* — это бесспорная информация, подтвержденная и точно нам известная. *Гипотеза* — это наше предположение о том, чем вызван данный факт. Если привести аналогичный пример из области медицины, то факт можно сравнить с объективными проявлениями заболевания, а гипотезу — с постановкой диагноза. При одном и том же объективном симптоме может быть большое количество различных диагнозов.

Чтобы обосновать значимость этой темы, приведу несколько примеров из бизнеса, которые покажут вам, насколько домысливание способно снизить качество коммуникаций.

- Продавец на вопрос клиента «Почему у вас так дорого?» начинает рассказывать о преимуществах продукции по сравнению с более дешевым аналогом конкурента. После этого клиент благодарит продавца за информацию и говорит о том, что даже не слышал о компании-конкуренте, но теперь обязательно к ней обратится. Каково домысливание в этом случае? Клиент мог иметь в виду много разных моментов: у него нет таких денег; он хочет убедиться, что соотношение цены и качества разумно; и многое другое. В числе этих причин (заметьте, именно в числе, а не единственный возможный вариант) могло быть и сравнение с конкурентами. Однако продавец домыслил, что именно это сомнение будет основным, и совершил ошибку, не уточнив, что именно имеет в виду клиент.

- Руководитель недоволен тем, что нет роста продаж. Он предполагает, что все дело в недостаточно развитых навыках персонала, и заказывает проведение нескольких тренингов по технике продаж. Никакого результата. В итоге привлеченный консультант, проведя тестирование навыков и оценку мотивации, приходит к следующему выводу: сотрудники не мотивированы увеличивать продажи, так как нет значимой переменной части заработной платы. В итоге руководитель пересмотрел систему мотивации, что привело к значительному увеличению объема продаж. Но! К этому моменту уже было потрачено много денег и времени на ненужные тренинги, чего можно было бы избежать, если бы руководитель не домысливал причину низких продаж, а провел исследование и определил, чем это вызвано.

Что же делать для того, чтобы избежать ошибок домысливания при взаимодействии с людьми? Предлагаю несколько относительно простых правил, которые вам в этом помогут:

1. Стоит четко осознать, что мы видим чужие действия и слышим чужие слова, но при этом не можем точно знать реальные намерения человека. Сама по себе эта установка уже будет первым шагом к решению задачи.
2. Никогда не следуйте расхожему совету «поставь себя на его место». К сожалению, некоторые народные мудрости вредны. Почему же вреден этот совет? Дело в том, что вы и некий «он», на чье место вы себя ставите, — разные люди с разными мотивами, ценностями и привычками. Поэтому и побудительные причины одних и тех же действий у вас будут различаться.
3. Всегда четко разделяйте факты и гипотезы. Повторю еще раз: факт — это то, что мы знаем совершенно точно. Например, мы знаем, что сотрудник опаздывает. Гипотеза — это наше предположение, почему это происходит. Или другой типичный пример: человек за три года сменил три места работы. Это факт. А вот гипотез может быть много: он не склонен к стабильности в принципе, он стартапер, причина в смене расположения компании (например, в последние годы многие из Москвы переехали за МКАД). И этот список можно продолжать. Нам важно помнить, что гипотеза всегда требует проверки, ее нельзя воспринимать как непреложный факт.

4. Стоит выдвигать несколько гипотез, причем желательно, чтобы они объясняли имеющийся факт с нескольких точек зрения, имели разную трактовку: позитивную, негативную и нейтральную. Зачем нам это надо? При наличии только одной гипотезы мы невольно, на подсознательном уровне начинаем подбирать аргументы в ее пользу. Если же гипотез несколько, позитивных и негативных, то и наша оценка будет объективнее.
5. После оценки каждой гипотезы нужно взвесить аргументы за и против каждой из них, после чего выбрать ту, которая выглядит наиболее вероятной и реалистичной.

Может показаться, что склонность к домысливанию — это не про вас. Однако понаблюдайте за собой и, если заметите, что все-таки склонны порой домысливать причины поведения собеседника, воспользуйтесь этими простыми советами.

## Не стремитесь поставить себя на чужое место

*«Каждый понимает все в меру своей испорченности», — нередко говорят дети и подростки. Правы ли они?*

Как именно мы чаще всего домысливаем? В большинстве случаев основа для домысла — наша собственная проекция. Давайте разберемся, что же это такое и каким образом отражается на эффективности общения.

*Проекция*, или *перенос*, — это склонность человека приписывать собственные побуждения, ценности, модели поведения другим людям. Так, продавец, который в роли покупателя хотел бы всегда получать скидки, воспримет возражение «дорого» именно как требование скидки. Руководитель, который не нуждается во внешних формах признания, искренне не понимает, что его подчиненный, говоря о своем желании получить более высокий статус, в действительности заинтересован во внешних формах признания, а вовсе не в реальном карьерном росте.

Проекция — самый типичный источник домысливания причин поведения человека, его мотивов и высказываний. Я многократно экспериментировала, задавая на своих тренингах вопрос о том, что универсально может мотивировать любого человека. И только один из ста сразу отвечал, что нет таких факторов или что это могут быть только физические потребности. А большинство людей уверенно говорили, что универсальный мотиватор — это самореализация, или деньги, или признание, или карьера, или что-то еще. И вполне естественно, что разные люди называли совершенно разные вещи. Как правило, каждый говорил о своем. Именно так и проявляет себя проекция. Очень важно грамотно с этим бороться.

Другой вариант, который также весьма нередок, — это проведение аналогий с поведением других людей, то есть тоже проекция, но не себя лично, а других. Думая, почему Вася так поступает или говорит, руководитель вспоминает Ваню, который делал то же самое по определенным причинам. И, не анализируя различий между Васей и Ваней, руководитель приписывает Васе те же побудительные причины. Аналогично бывает при работе с клиентами: нередко сталкиваясь с теми, кто жалуется на дороговизну в попытке получить скидку, продажник приписывает те же мотивы и другим, кто просто хочет, чтобы его убедили и дали почувствовать себя в роли «уговариваемого».

Недавно я столкнулась с ситуацией, когда руководитель ограничил возраст кандидата сорока годами, мотивируя это тем, что после сорока люди не гибки и не обучаемы. А все потому, что таким оказался предыдущий сотрудник, с которым в итоге и пришлось расстаться. Но правильно ли переносить опыт одного человека на другого? Очевидно, что нет.

Есть достаточно известная схема:

Намерение → Поведение → Значение

Что она означает? У первого участника коммуникации (в данном случае под коммуникацией мы будем иметь в виду не только слова, но и действия) есть некоторое намерение, исходя из которого он ведет (или не ведет) себя определенным образом. Собственно, это и есть поведение. Именно это поведение видит второй участник коммуникации, который придает ему определенное значение. Все вроде правильно. Вопрос только в том, на основании чего это значение выводится. Может быть, на основании вопроса, заданного человеку: «Почему ты так поступаешь?» («Почему ты это говоришь?») Может быть, на основании тонкого психологического анализа? Да, и такое бывает. Но увы, очень часто мы просто-напросто домысливаем намерение другого человека, исходя либо из собственной проекции, либо из стереотипных суждений: «Опаздывает — значит, не лоялен», «Не вынес мусор — значит, не ценит свою семью» и т. п. По моим наблюдениям, есть люди, которые всегда склонны домысливать самое худшее: они видят мир в черном цвете. А есть те, кто приписывает другим слишком позитивные намерения. Но ни то ни другое не приводит к успешному построению взаимоотношений с людьми. Поэтому стоит взять на вооружение следующее правило: всегда помнить, что мы не знаем намерения, а видим лишь поведение (или слышим высказывания). Прежде чем придать какое-либо значение поведению, необходимо как можно более точно проанализировать и понять намерения человека. И тогда мы будем слышать то, что люди думают *на самом деле,* видеть в их поведении *действительно* их намерения — вместо своих домыслов. Это позволит нам более эффективно взаимодействовать с людьми и выстраивать с ними отношения.

# Многозначность и неопределенность слов в русском языке

*«Мы готовы к длительному сотрудничеству». Что значит «длительное сотрудничество» — пять лет, полгода или какой-то иной срок?*

Большинство слов в русском языке многозначны. И есть как собственно многозначные слова, так и те, в которые каждый вкладывает свой смысл.

Первая категория — собственно многозначные слова. Допустим, слово «внимательный» может означать как «внимательный к деталям», так и «заботливый, проявляющий внимание к людям». В некоторых случаях из-за многозначности нарушается коммуникация: обсуждая что-либо, люди используют одни и те же слова, но вкладывают в них разный смысл. Например, некоторые, говоря о конфликте, считают, что компромисс — это оптимальное, всех устраивающее решение, а другие полагают, что это частичная уступка с двух сторон, при которой, однако, никто не удовлетворен в полной мере. Или другой пример — слово «неудача». Некоторые вкладывают в это слово почти фатальный смысл: по их мнению, неудача граничит с трагедией. А другие отождествляют это слово с понятием «ошибка». В итоге как при ответах на вопросы, так и при обсуждении возникает недопонимание. В этой связи очень важно договариваться о значении терминов перед обсуждением или уточнять, какой смысл вкладывает в то или иное слово собеседник.

Со второй категорией слов все обстоит еще сложнее. Это слова, которые не будут многозначными в лингвистическом смысле слова, но разные люди вкладывают в них совершенно разные значения. Например:

- много и мало;
- часто и редко;
- долго и недолго;
- большой и маленький и т. п.

Некоторые люди, говоря о том, что намереваются долго проработать на одном месте, имеют в виду два года, другие — год, а третьи — десять лет. Кто-то обещает большую скидку, имея в виду 5%, а другой думает, что ему предложат как минимум 10%. Слыша от собеседника подобные слова или используя их, обязательно нужно уточнять, что именно имеется в виду.

Еще один интересный момент: обсуждая условия сотрудничества или работы, люди вкладывают в одно и то же слово разный смысл. Например, что значит «готовность к командировкам»? Куда — в Париж или Якутск? На два дня или на два месяца? Или возьмем переработки, нагрузки, высокий темп и т. д. В подобных ситуациях также необходимо уточнять, что именно каждый из собеседников имеет в виду.

# Пропозиция, или подтекст

*«Я слышу, что вы думаете на самом деле» — в названии книги содержится пропозиция, или подтекст. Что в данном случае вы узнаете о мнении автора по данному вопросу? Почему утверждение сформулировано не так: «Я слышу, что вы думаете»?*

Для начала сошлюсь на «Википедию», определяющую термин «пропозиция» так:

> Термин восходит к лат. *propositio*, первоначально обозначавшему в логике суждение. На формирование современного понимания термина в разные периоды оказывали влияние исследования в логике, семиотике, лингвистике.
>
> В классической логике пропозиция соответствовала определенной форме мысли, понятию суждения, обладающему свойством выражать либо ложь, либо истину, отрицать или утверждать что-либо о предметах действительности. Примеры таких суждений: «Этот снег белый», «Сейчас солнце светит».
>
> Позже под пропозицией стали понимать «объективное содержание» мысли как выражение истинностного значения коммуникативной цели высказывания.

Мы далее будем использовать такое определение: «*Пропозиция — это подтекст высказывания любого типа, который выдает истинное отношение человека к ситуации, его намерения и оценки вне зависимости от того, говорит он правду или нет*».

Вернемся к примеру из эпиграфа: «Я слышу, что вы думаете *на самом деле*». Отличие этого утверждения от фразы: «Я слышу, что вы думаете» — именно в выделенном словосочетании. Оно показывает, что можно думать *на самом деле,* а можно *не на самом деле*. Этим высказыванием я хотела в корректной форме донести мысль о том, что люди не всегда говорят то, что думают.

Мы с вами рассмотрим несколько аспектов выделения и анализа слов и формулировок, указывающих на различные пропозиции. Я постараюсь привести примеры, которые будут интересны как тем, кто ведет переговоры и продает, так и тем, кто управляет подчиненными и подбирает персонал. Примеры взяты из реальных коммуникаций: интервью с кандидатами, переговоров, ситуаций управленческого общения с подчиненными.

Важный момент, на котором стоит остановиться, прежде чем идти дальше: определение пропозиции в большинстве случаев предполагает не «постановку диагноза», а повод для уточнения и прояснения ситуации. К сожалению, в практике работы с пропозициями в ходе тренингов я часто вижу, что многие сразу «ставят диагноз», при этом еще и домысливая причины на основе собственного опыта и представлений. Например, фразу «Теперь я использую демократический стиль управления» многие сразу же трактуют так: «Раньше человек использовал авторитарный стиль». А почему, собственно, авторитарный? Есть и другие стили, а может быть и так, что человек просто не имел никакого осознанного стиля менеджмента, а управлял интуитивно. Правильным решением в такой ситуации будет уточнение: «А какой стиль управления вы использовали раньше?» И только после получения ответа можно делать выводы. О домысливании, проекции, о том, как проверить себя на склонность к «постановке диагнозов» вместо уточнения, а также о том, как совершенствоваться в данном направлении, пойдет речь в «Большом практикуме».

А теперь давайте теоретически и практически рассмотрим, какие слова и формулировки указывают на различные виды пропозиций.

## «Лишние» слова

*«Целый год понадобился мне, чтобы вырасти карьерно».*
*«Всего год понадобился мне, чтобы вырасти карьерно».*
*«За год я вырос карьерно».*
*Казалось бы, все эти высказывания об одном и том же…*

Пусть эпиграф пока останется маленькой интригой…

В подавляющем большинстве случаев мы придерживаемся закона сохранения сил и не делаем ничего без причины. Как мы не чешем левое ухо правой рукой через голову, так и не говорим ничего лишнего просто так, если за этим ничего не кроется. Именно на этой особенности и выстроен первый подход к выделению и анализу слов, указывающих на пропозиции.

Итак: если в речи человека появились «лишние» слова или описания действий, это что-то значит. Под «лишними» мы будем понимать слова, которые могут быть пропущены без ущерба для *основного* смысла.

Приведем примеры «лишних слов», чтобы хорошо разобраться в этом вопросе:

- «*В настоящее время* мы работаем по предоплате». Часть, выделенная курсивом, вполне может быть пропущена без ущерба для основного смысла. Она выдает подтекст (пропозицию): раньше было как-то по-другому. Зачем нам может понадобиться подобная информация в деловых переговорах? Мы понимаем, что компания использовала еще какие-то схемы, можем узнать, почему от них отказалась, что даст нам бóльшую свободу маневра при обсуждении условий.
- «*Раньше* я использовал систему мотивации с помощью бонусов» (*интервью при приеме на работу*). Выделенное курсивом слово дает нам информацию о том, что подходы кандидата к мотивации изменились по сравнению с тем, что было ранее. Это дает нам повод выяснить, с чем именно связано такое изменение, после чего мы можем сде-

лать вывод об изменении мотивации и приоритетов самого кандидата, а также о возможном развитии его компетенций.

Как правило, обнаружение пропозиции помогает сделать предварительный вывод и дает основания для уточняющего вопроса.

Для рассмотрения этой техники мы вернемся к эпиграфу и определим, одинаковы ли эти высказывания или между ними есть значительная разница.

| **Высказывание («лишнее» слово выделено курсивом)** | **Вывод и вопрос** |
|---|---|
| «*Целый* год понадобился мне, чтобы вырасти карьерно» | Данное «лишнее» слово говорит нам о том, что человек оценивает год для карьерного роста как слишком длительный срок. Необходимо уточнить, почему он так считает. В зависимости от ответа и аргументации мы узнаем, адекватны ли самооценка и ожидания человека |
| «*Всего* год понадобился мне, чтобы вырасти карьерно» | Данное «лишнее» слово говорит нам о том, что человек оценивает год для карьерного роста как короткий срок, то есть мы можем сделать вывод, что он будет готов ждать дольше. Необходимо уточнить, какой срок для карьерного роста он считает оптимальным |
| «За год я вырос карьерно» | В данном случае «лишних» слов нет, а значит, и пропозиция отсутствует, то есть отношение к данной ситуации нейтральное |

Надо сказать, что подобные слова могут и не оказаться «лишними». Как понять, «лишнее» ли слово в высказывании? Основной критерий таков: без «лишних» слов общий смысл сохраняется, а если выкинуть из фразы «нелишнее» слово, высказывание становится бессмысленным. Давайте рассмотрим это на примере:

А) «Когда ты придешь ко мне в гости?»
«Я приду вечером».

Б) «Вечером я не ем жирное».

В варианте А обстоятельство времени («вечером») не несет никакого подтекста, так как без него высказывание теряет смысл. В варианте Б появляется пропозиция: слово «вечером» указывает на то, что автор высказывания ест жирное, но не вечером. Если бы он не ел жирное вообще, то была бы такая формулировка: «Я не ем жирное».

Из наиболее часто встречающихся вариантов «лишних» слов можно выделить несколько групп (кстати, заметили ли вы пропозицию в этом предложении? «Наиболее часто» — значит, есть и менее часто встречающиеся варианты). Мы рассмотрим, какие уточняющие вопросы стоит задать в каждом случае:

1. *Обстоятельства времени* (Когда? В какое время? За какое время? Как часто?)
    - «Раньше мы работали на других условиях».
    - «Что и почему изменилось?»*[1]
    - «В летнее время у нас падают продажи».
    - «Когда они наиболее высоки? Почему падают в летнее время?»*
    - «Мы не можем принять это решение за три минуты».
    - «Сколько времени понадобится, чтобы принять решение?»
    - «Иногда я использую метод X».
    - «А какой метод вы используете в остальных случаях?»

[1] Звездочкой помечены те уточнения, которые могут быть не всегда корректны и уместны сразу после высказывания с подтекстом. — *Прим. авт.*

2. *Обстоятельства места* (Где? Куда? Откуда?)
   - «Мы не можем обсуждать этот вопрос в общей зоне».
   - «Где мы можем обсудить этот вопрос?»
   - «В командировку я не беру большой багаж».
   - «А куда берете?»
   - «От поставщиков из нашего города не бывает брака».
   - «А откуда бывает?»
3. *Обстоятельства степени* (Как? В какой степени?)
   - «Если вы ставите вопрос таким образом (*должен быть предварительный контекст*), то мы не готовы его обсуждать».
   - «Как мы должны поставить вопрос, чтобы вы были готовы его обсудить?»
4. *Обстоятельства причины* (Ради чего? Зачем? Почему?)
   - «Чтобы получить обычную скидку, мы не готовы пойти на ваши условия».
   - «А при каких условиях вы будете готовы?»
   - «Для проведения полномасштабной BTL-акции мы считаем бюджет недостаточным».
   - «А как вы считаете, для каких мероприятий хватит этого бюджета?»
5. *Обстоятельства уступки* (Несмотря на что? Вопреки чему?)
   - «Мне бы хотелось через год вырасти хотя бы на один уровень в карьере».
   - «А идеальный вариант для вас какой?»
   - «У меня были молодые сотрудники, но способные».
   - «По вашему опыту, молодые сотрудники редко бывают способными?»

6. *Обстоятельства образа действия* (Как? Каким образом?)
   - «Я был в полном объеме готов к экзамену».
   - «А какой еще уровень подготовки у вас бывал?»
7. *Обстоятельства условия* (При каком условии?)
   - «При гарантии эксклюзива мы готовы предоставить максимальную скидку».
   - «А каков размер скидки в остальных случаях?»
8. *Определения* (Какой? Какому? и т. д.)
   - «К посещению этого клиента я тщательно готовлюсь».
   - «А к визитам каких клиентов вы готовитесь по-другому? Как именно?»
9. *Дополнения* (Кому? С кем? Для кого? И т. д.)
   - «Вам мы готовы предоставить особые условия».
   - «Правильно ли я понимаю, что вы предоставляете их не всем?»*

## Практикум

Давайте потренируемся. Прочитайте эти примеры и самостоятельно определите «лишние» слова, предложите уточняющие вопросы. А после этого посмотрите варианты ответов.

1. «Для достижения соглашения с вашей компанией мы готовы пойти на особые условия».
2. «В этом году я прошел много тренингов».
3. «У меня было три категории проектов».
4. «Иногда мы рассматриваем такой вариант».
5. «Наш филиал в Екатеринбурге очень успешен».
6. «Периодически мы рассматриваем предложения о совместных акциях».

7. «Эту задачу я завершу вовремя».
8. «Активные продажи вызывают у многих людей стресс».
9. «Этому клиенту я буду звонить во второй половине дня».
10. «Из распределительного центра нам всегда привозят товар вовремя».
11. «Он работает хотя и недавно, но хорошо».
12. «Многие клиенты работают с нами по предоплате».
13. «Раньше мы предоставляли сотрудникам такие возможности, потому что этап развития компании был другим».
14. «Основным преимуществом нашего сотрудничества будет объединение маркетинговых усилий для повышения узнаваемости продукта».
15. «Такой набор льгот мы предоставить вам не сможем».

## Варианты ответов

«Лишние» слова, указывающие на подтекст высказывания, выделены в тексте курсивом.

1. «Для достижения соглашения с *вашей* компанией мы готовы пойти на *особые* условия».
   «В чем отличие этих условий от стандартных? Почему именно для нашей компании вы готовы идти на исключения?»
2. «*В этом году* я прошел много тренингов».
   «А что было раньше? Почему именно в этом году тренингов было много?»
3. «У меня было *три категории* проектов».
4. «Чем они для вас различались?»
5. «*Иногда* мы рассматриваем такой вариант».
   «При каких обстоятельствах и как часто?»

6. «Наш филиал *в Екатеринбурге очень* успешен».
«Есть ли другие филиалы? Почему именно в Екатеринбурге филиал более успешен, чем остальные? Насколько успешны остальные филиалы?»

7. *«Периодически* мы рассматриваем предложения о совместных акциях».
«Как часто и в связи с чем?»

8. *«Эту* задачу я завершу вовремя».
«А какие не вовремя? В чем различие ситуации и причины соблюдения или несоблюдения срока выполнения задачи?»

9. *«Активные* продажи вызывают у *многих* людей стресс».
«У кого вызывают, а у кого нет? А какие продажи не вызывают стресса?»

10. *«Этому* клиенту я буду звонить *во второй половине дня»*.
«Почему именно этому клиенту в это время?»

11. *«Из распределительного центра* нам *всегда* привозят товар вовремя».
«А откуда не всегда вовремя? Почему, в чем разница?»

12. «Он работает *хотя и* недавно, *но* хорошо».
«Почему недавний срок работы делает маловероятным высокое качество?»

13. *«Многие* клиенты работают с нами по предоплате».
«А кто не работает? Каковы критерии? Какие еще есть схемы работы?»

14. *«Раньше* мы предоставляли сотрудникам такие возможности, *потому что этап развития компании был другим»*.
«Что изменилось? Какие возможности предоставляются сейчас и в ближайшей перспективе? Каким образом изменился этап развития компании?»

15. *«Основным* преимуществом нашего сотрудничества будет объединение маркетинговых усилий *для повышения узнаваемости продукта»*.

«Какие еще будут преимущества? Почему именно узнаваемость продукта выделена вами как ключевой момент?»

16. *«Такой* набор льгот мы предоставить вам не сможем».
«А какой сможете?»

## «Лишние» действия

Еще одна сторона той же медали — описание «лишних» действий. Ничего не происходит без причины, и, если в ответе человек описывает явно «лишние» действия, это что-то значит. Давайте разберем на примерах:

А) Переговоры.

«Мы хотели бы работать с вами на условиях отсрочки платежа».

«Мы готовы рассмотреть этот вопрос».

«Когда вы готовы принять решение и сообщить нам о нем?»

«Нам необходимо все обдумать, я стараюсь не принимать решения сразу. Мы соберем информацию и примем решение в течение трех дней».

Б) Интервью при приеме на работу.

«Представьте себе, что ваш коллега берет денежное вознаграждение от клиентов в обход компании. Вы узнали об этом случайно, и знаете об этом только вы. Ваша реакция?»

«Я поговорю с этим человеком».

«Зачем?»

«Я хочу выяснить, почему он это делает, и только после этого принимать какие-то решения».

Что мы можем выделить как «лишние» действия? В варианте А — это «соберем информацию». Очевидно, что, если бы правда была в том, что человек просто не любит сразу принимать решения, этой фразы просто не было бы. Однако наш собеседник по переговорам не хочет прямо говорить о том, что вы его не убедили или что ему требуется какая-то дополнительная информация. Обратив на это внимание, мы можем уточнить у клиента: «Скажите, а какие остались сомнения? Возможно, мы могли бы предоставить вам дополнительную информацию». Мы заметили в речи собеседника описание «лишних» действий, задали уточняющий вопрос, чтобы понять подтекст высказывания, и таким образом получили шанс убедить клиента. Не определив пропозицию, мы оставляем клиента один на один с его сомнениями.

В примере Б «лишнее» действие — выяснение того, почему коллега берет вознаграждение от клиента. Зачем это вообще делать? Если человек начинает выяснять причины какого-то поведения прежде, чем на него реагировать, то это значит, что он делит причины по какому-то принципу. В частности, в контексте данной ситуации делит их на уважительные и неуважительные. Интервьюеру следует выяснить, каков уровень допуска нечестности человека в данной ситуации. Кстати, а вы увидели сейчас описание «лишних» действий, подразумевающих некую пропозицию, в моем объяснении? «Лишнее» действие — выяснить уровень допуска. Это значит, что я предполагаю: какой-то допуск все-таки может быть.

## Практикум

Прочитайте эти примеры и самостоятельно определите «лишние» действия, предложите уточнения. После чего посмотрите варианты ответов.

1. Делегирование.
   Генеральный директор: «У нас меняется приоритет бизнеса: мы постепенно сокращаем направление Х и активизируем У в твоем филиале. (*Пропускаем разъяснения.*) Поэтому тебе нужно будет сократить пять сотрудников с наименее эффективными результатами. Как ты будешь действовать, какая помощь нужна?»
   Руководитель филиала: «Я проанализирую опыт работы каждого и личностные характеристики».

2. Интервью при приеме на работу.
   Интервьюер: «Представьте себе, что ваш коллега на переговорах с клиентами, которые вы ведете совместно, нередко позволяет себе нелестные комментарии об условиях поставки, которые дает ваша компания. Ваша реакция?»
   Кандидат: «Во-первых, я проанализирую, как часто он это делает. Во-вторых, уточню у него, с какой целью он говорит об этом».
3. Переговоры.
   Поставщик: «Мы предлагаем вам несколько вариантов скидок и льготных условий, которые сможем предоставить с учетом оговоренного ранее объема закупок».
   Клиент: «Хорошо, мы хотели бы получить от вас информацию, кому еще вы предлагали подобные варианты сотрудничества».
4. Ситуация: руководителю коммерческой службы клиент пожаловался на торгового представителя Васю, сказав, что тот ему нахамил. Руководитель приглашает супервайзера — непосредственного начальника торгового представителя — и сообщает ему о жалобе. Рассмотрим три варианта реакции супервайзера:
   А) «Я поговорю с Васей и выясню, почему он нахамил клиенту».
   Б) «Я поговорю с Васей и выясню его версию случившегося».
   В) «Вася будет лишен премии, а перед клиентом я извинюсь сам».

## Варианты ответов

Прочитайте эти примеры и самостоятельно определите «лишние» действия, предложите уточнения. После чего посмотрите варианты ответов.

1. Делегирование.
   Генеральный директор: «У нас меняется приоритет бизнеса: мы постепенно сокращаем направление Х и активизируем У в твоем филиале. (*Пропускаем разъяснения.*) Поэтому тебе нужно будет сократить пять сотрудников с наименее эффективными результатами. Как ты будешь действовать, какая помощь нужна?»
   Руководитель филиала: «Я проанализирую опыт работы каждого и личностные характеристики».

Данное действие явно «лишнее», исходя из того, что задача была поставлена следующая: сократить наименее результативных сотрудников. Для генерального директора «лишнее» действие в ответе собеседника также указывает на риск, что руководитель филиала будет руководствоваться не теми критериями, которые задал генеральный. Следовательно, необходимо продолжить обсуждение, понять, есть ли внутреннее согласие собеседника на подобные критерии сокращения, выслушать его позицию и прийти к реальному принятию задачи. Если этого не произойдет, то есть вероятность того, что удаленный руководитель филиала поступит по-своему, не выполнив задачу, поставленную директором.

2. Интервью при приеме на работу.
   Интервьюер: «Представьте себе, что ваш коллега на переговорах с клиентами, которые вы ведете совместно, нередко позволяет себе нелестные комментарии об условиях поставки, которые дает ваша компания. Ваша реакция?»
   Кандидат: «Во-первых, я проанализирую, как часто он это делает. Во-вторых, уточню у него, с какой целью он говорит об этом».

Данные «лишние» действия говорят нам о том, что кандидат допускает: какие-то причины и частотность нелестных замечаний могут предполагать разный тип реакции на поступок коллеги. Это само по себе не хорошо и не плохо, но требует уточнения. То есть стоит задать кандидату вопрос: «Какова будет ваша реакция в зависимости от результатов анализа?»

3. Переговоры.
   Поставщик: «Мы предлагаем вам несколько вариантов скидок и льготных условий, которые сможем дать с учетом оговоренного ранее объема закупок».
   Клиент: «Хорошо, мы хотели бы получить от вас информацию, кому еще вы предлагали подобные варианты сотрудничества».

Это «лишнее действие» говорит о следующем: или это попытка выиграть время, или некое желание эксклюзива, стремление дополнительно разведать ситуацию. Поставщику стоило бы уточнить, как повлияет этот факт на дальнейшее принятие решений.

4. Ситуация: руководителю коммерческой службы клиент пожаловался на торгового представителя Васю, сказав, что тот ему нахамил. Руководитель приглашает супервайзера — непосредственного начальника торгового представителя — и сообщает ему о жалобе. Рассмотрим три варианта реакции супервайзера:
   А) «Я поговорю с Васей и выясню, почему он нахамил клиенту».

Первая пропозиция этого высказывания такова: Вася действительно нахамил клиенту, то есть супервайзер не допускает мысли о том, что этого могло и не быть (например, это клевета со стороны клиента из каких-то его соображений). Вторая пропозиция — выяснение причин хамства. Это «лишнее» действие говорит нам о том, что супервайзер будет по-разному реагировать на хамство сотрудника клиенту в зависимости от причин. Следовательно, это мы и должны будем уточнить: «Какие причины такого поведения вызовут разные реакции с вашей стороны?» Ответ на этот вопрос скажет нам многое и об управленческих подходах, и об уровне клиентоориентированности супервайзера.

Б) «Я поговорю с Васей и выясню его версию случившегося».

Здесь уже события развиваются совсем по-другому: супервайзер допускает, что у сотрудника может быть иное видение ситуации, и готов его выслушать. Уточняющий вопрос — «Каковы будут ваши дальнейшие действия в зависимости от ответа?» — поможет нам оценить правильность подхода супервайзера.

В) «Вася будет лишен премии, а перед клиентом я извинюсь сам».

В данном случае нет никаких «лишних» действий с точки зрения выяснения причин поведения Васи: руководитель сразу выдает определенную реакцию, то есть его действия не зависят от причин возникновения ситуации и ее видения подчиненным. В данном случае нельзя сказать однозначно, хорошо это или плохо, так как все зависит от культуры и стиля менеджмента в компании. Например, если в компании в таких ситуациях царит принцип «клиент всегда прав, а сотрудник в любом случае виноват, так как не справился с ситуацией», то нам больше всего понравится ответ В. Если мы готовы допустить презумпцию невиновности сотрудника и хотим знать его видение ситуации, чтобы в зависимости от этого принять справедливое решение, то оптимален ответ Б. Ответ А, пожалуй, самый сомнительный.

## Типичные «лишние» слова и специфика их интерпретации

Рассмотрим еще несколько часто встречающихся «лишних» слов и проанализируем их значение. Это поможет вам выдвигать гипотезы для проверки и определять пропозиции.

## Слова сравнения

*«Теперь я буду хорошо работать», — говорит первый кандидат.*
*«Теперь я буду работать лучше», — говорит второй.*
*«Теперь я буду еще лучше работать», — говорит третий.*
*Кого надо брать на работу?*

Наличие слов сравнения (*лучше, хуже, еще быстрее, более эффективно*) показывает нам, что раньше ситуация существенно отличалась от текущей. Чтобы разобраться, в чем причина изменений, нам необходимо задать уточняющие вопросы.

Если сравнить примеры из эпиграфа, то мы получим следующую информацию:

- *«Теперь я буду хорошо работать».* Человек сам осознает, что раньше работал не хорошо, а как-то иначе (плохо, средне и т. д.). Следовательно, нам стоит выяснить, с чем связано изменение.
- *«Теперь я буду работать лучше».* Человек дает позитивную оценку своей работы и в настоящем, и в прошлом (в отличие от предыдущего случая), однако что-то, по его мнению, должно измениться в лучшую сторону. Нам будет интересна и важна причина этих изменений.
- *«Теперь я буду еще лучше работать».* В отличие от предыдущего случая дается очень высокая оценка качества работы не только в настоящем, но и в прошлом. Кроме того, нам сообщают информацию об улучшении еще в большей степени.

## Слова-классификаторы

*«У меня два типа подчиненных», — говорит кандидат. «Мы выстраиваем партнерские отношения по разным схемам», — заявляет на переговорах партнер. Какую информацию, кроме факта как такового, мы получаем?*

Человек в большинстве случаев (словосочетание «в большинстве случаев» указывает на подтекст: исключения все-таки есть) использует различные классификаторы не просто так. «Два типа подчиненных», «по разным схемам» — эти словосочетания указывают на некие различия. Выяснив эти различия, мы можем разобраться как в мотивации, предпочтениях и расстановке приоритетов собеседника, так и в его уверенности в своих силах, квалификации и выгодах. Давайте рассмотрим это на примерах:

- *Переговоры*. «У нас есть два варианта договорных отношений с провайдером: оказание возмездных услуг или договор с частным предпринимателем». Что необходимо уточнить? «А чем эти варианты отличаются именно для вас?» На основании ответа мы или сразу делаем вывод о вероятном предпочтении, или уточняем, что предпочитает партнер. Ответ партнера: «В случае оказания возмездных услуг мы должны заплатить НДФЛ в полном объеме, а при работе с частным предпринимателем налог намного меньше». Очевидно, что наши шансы успешно сотрудничать гораздо выше при условии, что мы предложим вариант работы с ЧП. Если бы мы не обратили внимания на классификаторы и не уточнили, могли бы сделать неконкурентоспособное предложение и не заключили бы выгодную сделку.
- *Рассказ кандидата или сотрудника о себе*. «В студенческие годы я занималась репетиторством. У меня было две категории учеников: абитуриенты и школьники, которых надо было подтягивать с двойки на тройку или с тройки на четверку». Уточняем: «А чем они для вас принципиально различались?» — «С первыми работать было интересно, поскольку абитуриенты действительно хотели поступить и прикладывали усилия к обучению, а двоечников надо было постоянно понукать, потому что их родители заставляли учиться, а им это было не надо». Делаем два вывода: кандидату не нравится работать с немотивированными людьми (то есть для управления низовым персоналом, где мотивация почти всегда низкая, точно не подходит, навыки мотивации надо проверять), второе — при

каких-то условиях человек все-таки готов выполнять работу, которая ему не нравится (необходимо уточнить, зачем работал с теми, с кем не нравилось иметь дело).

Слова-классификаторы не помогут нам сделать никаких выводов, кроме того, что имеются факторы, чем-то очень существенным для собеседника различающиеся. А вот уточнение даст возможность заглянуть глубже и принять правильное решение о дальнейших действиях.

Еще один вариант классификатора (только наоборот) появляется в вопросах. Например: «Какой вы будете кофе?» Использование слова «какой» указывает на то, что существует несколько видов кофе, причем они чем-то отличаются. Следовательно, как и в предыдущем случае, необходимо уточнить, в чем отличие одного вида кофе от остальных.

## Слова-проговорки, или уступительные слова

*Когда-то в детстве был такой прикол: если ты обманываешь, но при этом скрестил пальцы, то это не считается, это как бы не проступок. Подобно этому подсознание, когда мы не вполне искренни или вполне неискренни, вставляет в нашу речь слова, которые мы будем называть проговорками.*

Слова-проговорки показывают нам, что человек не вполне верит или совсем не верит в то, о чем говорит. Примеры таких слов: *в принципе, в общем, как бы, типа (того)*.

В ходе тренингов я несколько раз проводила такой эксперимент: доброволец пишет номера и в произвольном порядке ставит напротив них знаки плюс и минус. Затем группа начинает задавать ему вопросы. В том случае, когда напротив номера вопроса стоит знак плюс, отвечающий говорит правду, а если стоит минус, человек должен сказать неправду или полуправду. Группа наблюдает за тем, как отвечает доброволец, задача — понять, в каких случаях человек говорит правду, а в каких — нет. Одним из основных факторов, которые позволили правильно «поставить диагноз» (помимо невербальных средств и волнения), были именно слова-проговорки. Такие слова очень четко указывают на то, что необходимо «копать вглубь», то есть выяснять, в чем причина — в неуверенности или заниженной самооценке, незнании самого себя или намеренном искажении истины.

## Практикум

Выделите высказывания со словами-проговорками и укажите возможные причины их появления.

1. «Хорошо ли вы считаете в уме?»
   «В принципе да».
2. «Сможете ли вы обеспечить нам поставку точно в срок?»
   «В общем-то да».
3. «Довольны ли ваши партнеры сервисным центром?»
   «В целом они довольны».
4. «Насколько хорошо у вас поставлена работа с рекламациями?»
   «Работа построена хорошо, но иногда бывают сложности с заменой товара».
5. «Могу ли я рассчитывать на быстрый карьерный рост в компании?»
   «Карьерный рост в нашей компании в основном бывает в течение двух лет».

## Варианты ответов

Выделите высказывания со словами-проговорками и укажите возможные причины их появления.

1. «Хорошо ли вы считаете в уме?»
   «*В принципе* да».
   Появление проговорки может иметь три основные причины: неуверенность в навыке; отвечающий не очень понимает, что значит хорошо считать в уме (умножить

два на два или оперировать трехзначными числами?); он говорит неправду.

2. «Сможете ли вы обеспечить нам поставку точно в срок?»
«*В общем-то* да».
Появление проговорки обусловлено стремлением подстраховаться, пониманием, что есть вероятность сбоя, или обманом.
3. «Довольны ли ваши партнеры сервисным центром?»
«*В целом* они довольны».
Появление проговорки говорит о том, что есть недовольные, что у отвечающего нет точной информации или что он говорит неправду.
4. «Насколько хорошо у вас поставлена работа с рекламациями?»
«Работа построена хорошо, но иногда бывают сложности с заменой товара».
В данном ответе нет проговорки, здесь человек прямым текстом говорит о проблеме.
5. «Могу ли я рассчитывать на быстрый карьерный рост в компании?»
«Карьерный рост в нашей компании *в основном* бывает в течение двух лет».
Проговорка может быть знаком того, что есть исключения, что отвечающий не хочет давать четких обещаний, что у него нет точной информации или же он обманывает.

## Слова-паразиты

*Выпускной экзамен по русскому языку в школе агентов ЦРУ. Один из студентов возмущается, что ему поставили не самый высокий балл: «Я ведь все правильно рассказал!» — «Да, но вы регулярно пропускали неопределенные артикли».*

Анекдот

Как ни странно, но увеличение в речи числа слов-паразитов не случайно. Когда мы затрудняемся ответить на вопрос, то подсознательно пытаемся замаскировать паузу. А как это проще всего сделать? С помощью слов-паразитов, конечно. Выбор тех или иных слов будет зависеть от культуры речи и общего развития человека. У одних это будут банальные *э-э-э, а-а-а, ну*, у других — более цивилизованные варианты, например, *так сказать, можно сказать* и т. п. Как уже говорилось, «лишние» слова, к которым мы можем отнести и слова-паразиты, чаще всего не дают оснований для окончательного вывода, и служат основой для гипотезы — что именно подразумевает человек. Наиболее типичные причины появления слов-паразитов — формулировка социально желательного ответа, закрытость или отсутствие откровенности собеседника либо слабое знание вопроса, если в ходе коммуникации мы запрашивали какие-то факты. Следовательно, необходимо проверить, какая из гипотез верна.

## Практикум

Предположите, с чем может быть связано появление слов-паразитов в ответах на приведенные ниже вопросы.

1. «Какие условия сотрудничества вы можете предложить нам с учетом того объема закупок, который мы обсудили?»
2. «Расскажите о своем опыте работы с конфликтными клиентами».
3. «Назовите как можно больше способов увеличения эффективности продаж в рознице».
4. «Сколько этапов в структуре визита?»
5. «Каким образом вы действуете, если ваш подчиненный демотивирован?»

## Варианты ответов

Предположите, с чем может быть связано появление слов-паразитов в ответах на приведенные ниже вопросы.

1. «Какие условия сотрудничества вы можете предложить нам с учетом того объема закупок, который мы обсудили?»
   Появление слов-паразитов в ответе на этот вопрос может свидетельствовать о неискренности (чтобы начать сотрудничество, часто обещают больше, чем потом исполнят), некомпетентности (человек не может соотнести информацию от партнера с условиями и правилами своей компании), или же собеседник медленно принимает решение.

2. «Расскажите о своем опыте работы с конфликтными клиентами».
   Слова-паразиты — признак неискреннего (или не вполне искреннего) ответа.

3. «Назовите как можно больше способов увеличения эффективности продаж в рознице».
   В данном случае социально желательный ответ не нужен и слова-паразиты — признак недостатка знаний, навыков или опыта.

4. «Сколько этапов в структуре визита?»
   Аналогично предыдущему.

5. «Каким образом вы действуете, если ваш подчиненный демотивирован?»
   Слова-паразиты могут свидетельствовать как о недостатке знаний и опыта, так и о не вполне искреннем ответе.

## Слова оправдания

*Кандидат устраивается продавцом билетов в общественные бани.*
*«Почему вас уволили с предыдущего места?»*
*«Ну, я просто очень любознательный».*
*«И что?»*
*«Я просто хотел узнать, что происходит в женской бане».*
*«И что?»*
*«Да я ведь только через дырочку смотрел, не мешал никому…»*
Анекдот

*Просто, только, ведь, всего лишь, как тебе сказать* — эти слова и сочетания слов могут указывать на то, что человек в данный момент чувствует (осознанно или нет) неловкость или вину. Обратите внимание, что так очень часто начинают свой ответ о каких-то шалостях и прегрешениях дети и подростки. Для нас с вами эти слова (в ходе любой коммуникации) — сигнал частичного или полного осознания своей вины, ошибки или неловкости.

### Практикум

Определите слова оправдания и сделайте предположение о том, какую выгоду мы можем извлечь из данной информации.

1. Переговоры.
   Клиент (мы): «Когда мы можем ожидать поставку? В соответствии с договорными обязательствами она должна была быть уже сегодня».
   Поставщик: «Мы ведь сделали все возможное для соблюдения срока, просто нас подвела транспортная компания».

2. Интервью при приеме на работу.
   Интервьюер: «Почему вы не работали около года?»
   Кандидат: «Я просто искал работу по душе, чтобы уж надолго».

## Варианты ответов

Определите слова оправдания и сделайте предположение о том, какую выгоду мы можем извлечь из данной информации.

1. Переговоры.
   Клиент (мы): «Когда мы можем ожидать поставку? В соответствии с договорными обязательствами она должна была быть уже сегодня».
   Поставщик: «Мы *ведь* сделали все возможное для соблюдения срока, *просто* нас подвела транспортная компания».
   Стоит оценить, насколько ответственно партнер выполнял свои обязательства и планирует выполнять их в будущем.

2. Интервью при приеме на работу.
   Интервьюер: «Почему вы не работали около года?»
   Кандидат: «Я *просто* искал работу по душе, чтобы *уж* надолго».
   Нужно понять, не стоит ли за этим ответом неискренность, которая может проявиться оправдательными словами.

## Слова неопределенности

*Я призову коллег к какому-то порядку…*

**Из ответа кандидата на один из кейсов**

Еще один пример «лишних» слов — слова и словосочетания неопределенности: *какой-то, какой-нибудь, некий, куда-нибудь* и т. д. Пример еще более яркий — *хоть какой-нибудь*.

Как правило, слова неопределенности выдают неуверенность говорящего или безразличие к обсуждаемому вопросу. В примере из эпиграфа мы можем предположить неуверенность кандидата в том, что порядок все-таки будет (хотя, как мы уже многократно обсудили, для подстраховки все-таки стоит проверить это предположение). А вот, например, слова руководителя о том, что надо бы «какой-нибудь корпоратив провести», уже наводят на мысль о том, что для него этот вопрос не имеет особого значения. «Что-нибудь для вас сделаем», — и мы начинаем сомневаться, будет ли сделано что-то действительно толковое и полезное.

## Уверение в достоверности

*«Не сомневайтесь, я действительно это сделаю», — говорит собеседник, и тут вам необходимо сделать прямо противоположный вывод: вас, скорее всего, обманывают.*

Как мы помним, в устной речи нет ничего лишнего с точки зрения подсознательной потребности говорящего. Если никто не выражает сомнения в наших словах, а мы упорно убеждаем в своей искренности и правдивости, значит, мы сами не верим в свои слова. В таких случаях мы подсознательно проецируем сомнение в собственной искренности на собеседника, то есть допускаем неверие с его стороны и стараемся убедить его в том, что говорим правду.

*Вы уж поверьте, не сомневайтесь, это действительно так* и другие подобные выражения должны насторожить вас и заставить проверить, действительно ли собеседник говорит правду. Исключением будет ситуация, в которой подобные словосочетания — ответ на выраженное сомнение и недоверие.

## Повторение вопроса, или «очень интересный вопрос»

*В книгах и тренингах по ораторскому искусству нередко звучит такой совет: если вопрос вызывает затруднения, нужно выиграть хотя бы немного времени.*

Повторение вопроса, его парафраз или комментарий «очень интересный вопрос» свидетельствуют о том, что человек пытается выиграть время, чтобы дать наиболее удачный ответ. Стоит обратить особое внимание на такое поведение собеседника, если этот прием часто повторяется. Интерпретация в этом случае точно такая же, как и при появлении слов-паразитов (или увеличении в речи их количества).

## Эмоционально окрашенные слова

*В советское время фраза «Вася амбициозен» показывала, что говорящий осуждает Васю. В настоящее время эта фраза в большинстве случае означает, что Васю оценили позитивно. Что изменилось? Звучание слова? Нет. Содержание? Нет. А эмоциональная окраска, безусловно, изменилась. Или другой пример: тот факт, что капиталисты и эксплуататоры стали называться работодателями, выдает изменение отношения к таким людям в обществе.*

Еще одна возможность (пропозиция — какие-то возможности уже были, на это указывает слово «еще») обнаружить подтекст в речи собеседника — проанализировать стилистическую окраску слов. Каждое слово содержит название (номинацию) и оценку (коннотацию). Коннотация бывает положительной, отрицательной и нейтральной:

- «У меня была возможность этим заниматься» — положительная коннотация.
- «Я этим занимался» — нейтральная.
- «Мне пришлось этим заниматься» — отрицательная.

Анализируя эмоционально окрашенные слова, мы можем прогнозировать действия подчиненных, партнеров и клиентов: как именно человек будет себя вести в тех или иных ситуациях? Что его мотивирует? Выявив выраженное положительное или отрицательное отношение, стоит разобраться, с чем именно это связано, и тогда вы сможете полностью или частично устранить негатив и усилить позитив.

Давайте рассмотрим данный вариант пропозиций на конкретных примерах:

1. «У меня было несколько *задач*, требующих решения».

Слово «задача» нейтрально по сути, и, значит, человек не испытывает сильных эмоций по поводу этого участка своей работы.

2. «У меня было несколько *проблем*».

Слово «проблема» значительно более негативно, и нам стоит выяснить, в чем причина отрицательных эмоций. Понимание причины может очень многое сказать о человеке, его мотивации, приоритетах и даже навыках и возможностях.

3. «Я *должен* был это сделать».

В большинстве случаев слова долженствования окрашены скорее негативно. Стоит уточнить, верно ли это для данного случая, и на основании полученной информации сделать выводы.

4. «Мы будем *вынуждены* принять такое решение».

Принятие решения — нежелательная и неприятная мера, и стоит выяснить, почему это так.

5. «У нас *есть все шансы* найти решение».

Поиск решения, с одной стороны, оценивается положительно, с другой — нет полной уверенности: слово «шанс» отсылает к везению.

6. «Ты *должен* это сделать».

Жесткая установка на грани давления со стороны говорящего, очень похоже на приказ. Нужно понимать, на чьей стороне сила.

7. «Тебе *стоит* это сделать».

Пожелание высказано в гораздо более мягкой форме, что говорит либо о вежливости говорящего и нежелании давить, либо об отсутствии ресурсов для давления.

8. «Ты *мог бы* это сделать».

Еще более мягкая форма пожелания.

## Условные и безусловные формулировки

*«У меня сегодня были две важные встречи с клиентами. Думаю, что с первым клиентом сотрудничество состоится, так как он сказал: "Когда мы с вами подпишем контракт, то…", а вот второй — под вопросом, ведь он сказал так: "Если мы подпишем контракт, то…"»*

Еще одним важным инструментом определения подтекста станет для нас анализ условных формулировок. Мы не будем сюда относить фразы, объясняющие причинно-следственные связи («Если температура воды сто градусов, то она кипит»), так как они показывают общую логику развития событий. Мы отнесем сюда две категории формулировок:

- Употребление условного (сослагательного) наклонения: формулировки типа *сделал бы, написал бы* и т. п.
- Предложения, начинающиеся со слова *если* — при условии, что «если» может быть заменено на «когда».

Употребление в речи условных формулировок говорит о том, что собеседник не уверен (или не вполне уверен) в том, о чем говорит. Наша задача в этой ситуации — уточнить причины неуверенности. Например, подчиненный говорит: «Если у меня получится завершить этот проект в срок, то…» В этом случае вам стоит уточнить, в чем причина сомнений в успешном завершении работы. Партнер по переговорам заявляет: «Если наше сотрудничество состоится, то…» — а вы уточняете, каковы его сомнения, почему сотрудничество может не состояться. Как говорится, предупрежден — значит, вооружен. Зная о сомнениях собеседника и понимая их причину, вы можете предотвратить негативный вариант развития событий.

## «Достижительные» слова

*Что бы вы хотели услышать от своего сотрудника: «Мне удалось выполнить план» или «Я выполнил план»? Правы те, кто выбрал второй вариант. А вот почему, мы с вами сейчас и обсудим.*

Пропозиция слова «удалось» такова: человек рассматривает выполнение плана либо как достижение, либо как результат преодоления серьезных препятствий. И в данном случае требуется уточнить, в чем состояла трудность. Если сложности действительно имелись (ситуация на рынке, кризис и т. п.), то мы оцениваем такой ответ как объективное видение ситуации. Если же никаких существенных причин (пропозиция этого высказывания такова: мы не считаем несущественные причины оправданием) не было, то можно сделать вывод о том, что сотрудник отличается невысоким уровнем требовательности к себе, занижает свою планку. И это поможет нам быть проактивными при постановке задач перед ним.

К «достижительным» словам мы можем отнести все глаголы с соответствующим значением (*у меня получилось, мне удалось, я смог, я сумел, я достиг* и т. п.), такие конструкции, как *несмотря на, вопреки всему*, в ряде случаев — *всего, только за такое-то время* и т. п.

## Слова неуверенности

*Нередко, ставя задачу перед сотрудником или обращаясь с каким-то предложением к партнеру, слушая ответ кандидата или просто ведя беседу, мы не обращаем внимания на то, что именно человек говорит: «Я попробую» или «Я сделаю». А если бы обратили, то смогли бы выяснить, в чем причина сомнений собеседника, и подстраховаться.*

Слова неуверенности тоже указывают на пропозицию высказывания. Это могут быть либо глаголы (*попробую, постараюсь, попытаюсь, приложу усилия* и т. п.), либо вводные слова, выражающие неуверенность (*наверное, возможно, отчасти*). Данные слова говорят нам о том, что человек сам не уверен в том, что у него получится сделать необходимое (обратите внимание, слово «получится» тоже указывает на пропозицию). Слова неуверенности появляются в речи по двум причинам: либо человек не уверен в своих силах и передает эту неуверенность на подсознательном уровне, либо он сознательно вводит нас в заблуждение и это проявляется в выборе слов. Заметив в речи собеседника слова неуверенности, мы получаем возможность копнуть вглубь и понять, в чем причина появления неуверенности: в сознательной дезинформации или неуверенности в себе, своих навыках и способностях.

## Слова сомнения

*«Ты правда меня любишь?» Тебя и только.*
*«Как сильно, скажи?» Вот столько.*
*«И клянешься в любви ко мне навеки?»*
*И клянусь в любви к тебе навеки.*
*Я люблю тебя — и только.*
*«Сильно-сильно?» Вот столько.*

Из современной песни

*Правда, действительно, точно* — эти слова в вопросительных предложениях указывают на сильное сомнение со стороны спрашивающего. Если кандидат спрашивает: «Вы *действительно* даете возможность самостоятельно принимать решения?», — мы понимаем, что он не верит нам — по крайней мере, пока.

## «А если нет...»

*«Как бы вы себя охарактеризовали?»*
*«Человек-зажигалка».*
*«Почему?»*
*«Если мне что-то интересно, нравится, я все делаю с увлечением и очень быстро».*

Из интервью с кандидатом

В ситуации, когда человек говорит о том, каким он будет (или как будет себя проявлять) при определенных условиях (*если это будет так, то...*), пропозиция такова: при других условиях поведение может быть кардинально иным. Необходимо это проверить. Так, скажем, анализ эпиграфа должен привести к следующему заключению: навряд ли кандидат будет хорошо выполнять работу, которая ему не интересна.

## Слова «нежелания говорить»

*«Василий проработал у вас несколько лет. Вы хотели его удержать, когда он уходил?»*
*«Как вам сказать... Как работник он нас устраивал. Наверное, да».*
Из реального разговора при проверке рекомендаций

*Как бы это сказать, честно говоря, собственно говоря* и подобные фразы несколько похожи на слова-проговорки. Они указывают на нежелание собеседника говорить на данную тему, но в то же время — на нежелание лгать. Что это означает для нас? Конечно же, необходимость копать вглубь и выяснять всю подноготную ситуации.

## Слова с «пограничным» значением

*«Какие у вас были условия работы?»*
*«Нормальные».*
*«А руководитель?»*
*«Нормальный».*
*«А зарплата?»*
*«Приемлемая».*
*«А почему ищете работу?»*
*«Так нормальные, а не хорошие же...»*
Из интервью с кандидатом

*Нормальный, адекватный, приемлемый* (о них мы еще поговорим при обсуждении частичного избегания) — эти слова показывают пограничный уровень удовлетворенности (отношение еще не выраженно негативное, но уже и не позитивное). По этому показателю можно определить границу между выраженной удовлетворенностью и недовольством конкретного человека тем или иным фактором или обстоятельством. Для нас это будет сигналом того, как именно мы могли бы подходить к мотивации партнера по переговорам, кандидата или сотрудника. Также стоит выяснить ту самую грань нормы, которая характерна именно для нашего собеседника, — для каждого она своя.

## Практикум

Найдите слова с «пограничным» значением и приведите примеры уточнений.

1. «Нам бы хотелось получить от вас предложение по условиям сотрудничества, адекватное уровню нашей компании».
2. «Мне хочется, чтобы были нормальные условия труда».
3. «Можете ли вы предложить приемлемый уровень сервиса?»
4. «Важно, чтобы наше взаимодействие происходило в рамках нормы».
5. «Хочется, чтобы количество переработок было приемлемым».

## Варианты ответов

Найдите слова с «пограничным» значением и приведите примеры уточнений.

1. «Нам бы хотелось получить от вас предложение по условиям сотрудничества, *адекватное* уровню нашей компании».
   «Какие именно условия вы сочли бы адекватными, а какие — нет?»

2. «Мне хочется, чтобы были *нормальные* условия труда».
«Что такое нормальные условия труда? Какие условия вас уже не устраивают?»

3. «Можете ли вы предложить *приемлемый* уровень сервиса?»
«Что означает для вас такой уровень сервиса?»

4. «Важно, чтобы наше взаимодействие происходило *в рамках нормы*».
«Что вы бы сочли отклонением от нормального взаимодействия?»

5. «Хочется, чтобы количество переработок было *приемлемым*».
«Какое именно количество переработок будет для вас приемлемо?»

### Конструкция «кто-то не стал бы»

*«Осторожный человек не стал бы сразу после убийства пользоваться кредитной картой дяди. А племянник — осторожный человек. Значит, он не убийца», — размышлял частный детектив.*

Логика размышлений при расследовании убийства из современного детектива

Конструкции подобного типа (*надежный партнер не стал бы…; если бы вы хотели договориться, то не стали бы…; в хорошей компании не поступили бы так с сотрудниками…*) показывают, что человек, о котором идет речь (это могут быть и люди, и компании, и т. д.), относится к какому-то иному типу. Например, если в процессе переговоров я услышу: «Надежный партнер не сделал бы этого», то пойму, что при совершении подобного меня сочтут ненадежным партнером.

### Кто с кем?

*«Мать с сыном» или «сын с матерью» — как правильно сказать?*

В отличие от математики, где от перемены мест слагаемых сумма не меняется, в языке все несколько по-другому. В данном случае мы видим, кого из упомянутых людей говорящий считает более значимым. Это может быть очень важно для понимания расстановки сил (например, в преддверии переговоров), иерархии или приоритетов говорящего.

«Сейчас придет финансовый директор с коммерческим», — более значим, по мнению говорящего, финансовый директор. А если мы слышим: «Придет коммерческий директор с финансовым», то можем судить: расстановка сил совсем иная.

### «Я хотел…»

*Нередко можно услышать: «Я хотела поработать над этим проектом». Так и хочется задать вопрос: «А сейчас — хотите?»*

Использование прошедшего времени в контексте намерений, желаний и стремлений (даже без слов «раньше», «когда-то» и т. п.) чаще всего говорит о том, что сейчас ситуация изменилась, упомянутая мотивация уже не актуальна. Однако это — не стопроцентный факт, он требует уточнения.

Итак, мы рассмотрели варианты слов и формулировок, указывающих на различные пропозиции, а также гипотез, которые отсюда следуют и требуют проверки и уточнения. Главное, о чем стоит помнить, — всегда лучше уточнить, чем допустить ошибку. Поэтому не стесняйтесь задавать дополнительные вопросы!

## О чем говорят постоянные пропозиции

*В 90-х годах XX века в России появилось явление, которые психологи назвали футурофобией (от future — будущее, то есть «боязнь будущего»). И одновременно с этим у многих образованных людей с хорошо поставленной речью появилось большое количество слов-паразитов. Но не просто слов-паразитов, а именно слов уступительного значения («как бы», «в принципе», «наверное», «в общем-то» и т. п.). Как же связаны эти два явления?*

В большинстве случаев те или иные слова и формулировки, указывающие на пропозиции, проявляются в каком-то конкретном случае. Заметив слова, говорящие о наличии контекста, и сделав необходимые уточнения, мы можем лучше понять своего клиента, коллегу, подчиненного или кандидата на интервью. Но есть и другое явление — постоянное наличие пропозиции. По моим наблюдениям, это встречается несколько реже, чем ситуативное, но может немало сказать о человеке или даже группе людей. В частности, в примере из эпиграфа слова уступительного характера свидетельствуют о том, что большинство людей боялись смотреть в будущее и что-либо прогнозировать.

Есть два варианта постоянного проявления пропозиций. Первый вариант, более очевидный, таков: подтекст имеется всегда (или почти всегда), а не в определенном типе ситуаций. Второй случай — это постоянное появление пропозиции в одном типе ситуаций при условии, что в других случаях она не встречается.

Итак, рассмотрим первый вариант — одна и та же пропозиция постоянно проявляется у одного и того же человека. Например, сотрудник всегда начинает свой ответ так: «Ну как сказать, наверное...» — и происходит это не в какой-то одной ситуации, а во многих. Или кандидат на интервью неоднократно повторяет: «Честно говоря...» Ваш партнер по переговорам твердит: «Вы не сомневайтесь...» — хотя вы не выражали никаких сомнений. Так же, как часто повторяющиеся жесты, мимика и позы, постоянное наличие пропозиций указывает на типичные для человека состояния или модели поведения. Какова же схема анализа и работы с пропозициями в таком случае? Давайте рассмотрим ее в виде последовательных шагов:

1. Выделить слова и формулировки, указывающие на пропозицию.
2. Оценить, насколько часто и в каких именно ситуациях они появляются.
3. Интерпретировать пропозицию, то есть определить подтекст и связать его с моделями поведения человека.

4. Принять решение о том, насколько вас устраивает выявленная модель поведения.

   4А. Если модель поведения собеседника нас устраивает, мы все оставляем как есть и учитываем эту особенность человека.

   4Б. Если модель поведения собеседника нас не устраивает, но мы не можем повлиять на него и ситуацию в целом, то берем данную информацию на вооружение и учитываем ее при взаимодействии с человеком. Например, мы не можем повлиять на клиента или партнера, но у нас есть возможность подстраховаться. Допустим, мы столкнулись с тем, что клиент при обсуждении решений, которые должны быть приняты, раз за разом заявляет: «Если мы примем решение», а не «Когда мы примем решение». Это говорит о неуверенности в принятии решения или о нежелании брать на себя обязательства. В этой ситуации мы можем взять за правило всегда уточнять (есть ли какие-то сомнения?); подстраховаться, периодически контролируя процесс принятия решения; или найти человека, который может позитивно повлиять на этот процесс.

   4В. Модель поведения собеседника нас не устраивает, но мы можем повлиять на человека или ситуацию в целом. Этот случай наиболее характерен для варианта взаимодействия «руководитель — подчиненный». Например, сотрудник постоянно говорит: «Я попробую (постараюсь)» вместо «Я сделаю». В этом случае будет несколько этапов. Во-первых, как руководитель вы имеете возможность выяснить причину, понять, что это — заниженная самооценка в целом, неудачный опыт на предыдущем месте (было много провалов, но не по вине сотрудника), стремление перестраховаться или нежелание брать на себя ответственность. В зависимости от причины, выявленной как в беседе и наблюдении, так и путем анализа опыта человека у вас и на предыдущих местах работы, вы будете по-разному воздействовать на сотрудника: либо повышая его самооценку, либо давая возможность запрограммированного успеха, либо повысив свою требовательность к уровню его ответственности. В частности, одним из подходов может быть запрет подобных слов, а также четкие цели по SMART[1], точки контроля, которые будут предложены самим сотрудником и подтверждены руководителем.

Второй случай, когда одна и та же пропозиция проявляется постоянно, но только в определенном типе ситуаций, по сути отличается только тем, что мы действуем по тому же самому алгоритму, но только применительно к одному виду ситуаций, а не ко всем типам взаимодействия с человеком.

Обратите внимание на то, что анализ постоянно проявляющихся пропозиций невозможен, если мы общаемся с человеком недолго, поэтому наиболее применим этот подход к работе с подчиненными или постоянными партнерами, но не с кандидатами, с которыми мы встречаемся только на кратком интервью. При длительных интервью (от часа и более — например, при цепочке интервью), что имеет место при отборе на топовые позиции, можно начать наблюдение за постоянно проявляющимися пропозициями, однако некоторая погрешность, вызванная тем, что мы наблюдаем за речью человека только в одной ситуации, все-таки существует.

---

1 SMART (Specific — конкретная, Measurable — измеримая, Achievable — достижимая, Relevant — сопоставимая, актуальная, Time-bound — ограниченная во времени) — мнемоническая аббревиатура, используемая в менеджменте и проектном управлении для определения целей и постановки задач. — *Прим. ред.*

# Что такое калибровка и зачем она нужна

*Прелесть весны познается только зимою.*

Генрих Гейне

Все познается в сравнении, и это касается, в том числе, анализа поведения и речи людей в разных коммуникационных ситуациях. Например, многие считают, что, если человек во время разговора не смотрит в глаза, он что-то скрывает. Однако помимо визуалов (людей, воспринимающих мир преимущественно через зрительные образы) есть еще кинестетики (им важнее чувства и ощущения) и аудиалы (воспринимают в первую очередь на слух). И для них зрительный контакт имеет значительно меньшую ценность — в процессе общения они могут его практически не поддерживать. Но это будет происходить на протяжении всего процесса коммуникации, и совсем другое дело, когда человек в течение всего разговора поддерживал зрительный контакт и вдруг перестал. Это дает повод задуматься. Стоит выяснить причину такого изменения поведения.

По аналогии с калибровкой приборов[1] мы с вами будем говорить о необходимости калибровки при оценке поведения и речи собеседника. Под калибровкой мы будем понимать срав-

---

[1] Калибровка средств измерений — совокупность операций, выполняемых в целях определения действительных значений метрологических характеристик средств измерений. — *Прим. ред.*

нение нескольких речевых и поведенческих проявлений одного и того же человека. Отличия от обычного поведения и речи будут иметь для нас решающее значение при определении пропозиций и метапрограмм (о них речь пойдет чуть позже). Без калибровки всегда есть риск допустить ошибку в оценке значения того или иного речевого проявления. Давайте рассмотрим это на примерах:

- Резкое *увеличение числа слов-паразитов* в речи человека в ответ на определенный вопрос или при формулировке какого-то тезиса говорит о том, что человек тщательно подбирает слова. Это может свидетельствовать о том, что информация не вполне достоверна или собеседник ее фильтрует. Для нас это означает необходимость перепроверить полученную информацию. Однако, если слова-паразиты в большом количестве присутствуют в речи конкретного человека всегда, это ни в коем случае не говорит о его постоянной неискренности или самоконтроле, а лишь характеризует невысокий уровень культуры речи. В отсутствие калибровки эти две ситуации выглядят одинаково, и мы можем сделать неверные выводы.
- Если в речи человека постоянно присутствуют слова или словосочетания, выражающие *низкую степень уверенности (попробую, постараюсь, если получится)*, это может указывать на особенности характера или поведения в целом: человек склонен перестраховываться или у него несколько занижена самооценка. Если же подобные формулировки чередуются со словами уверенности, это уже говорит нам о различном отношении человека к тем или иным действиям. Например: «Я подготовлю для вас полную информацию, подберу ассортимент, сделаю спецификацию и *постараюсь* убедить руководство предоставить выгодные условия сотрудничества». В данной ситуации очевидно, что в успешности первых трех шагов человек вполне уверен, а в успешности последнего — сомневается.

И это повод для уточнения ситуации, чтобы точно понимать, что нас ждет. Если бы все формулировки свидетельствовали о неуверенности, то мы не смогли бы выделить для уточнения один пункт.

- Если человек постоянно говорит на *языке избегания* (как *не* должно быть, каким *не* должен быть), то это свидетельствует о его характере: он склонен видеть риски и негативные моменты, двигаясь не *к* чему-то, а *от* чего-то. Кстати, такие люди очень хороши на определенных ролях в команде (конструктивные критики) и во многих профессиях (контролеры, специальности в сфере безопасности и риска, где надо «семь раз отмерить»). Если же формулировка избегания возникает разово или время от времени, то это будет говорить о специфическом отношении именно к данному моменту. Например:
  - «Нам важно, чтобы вы *не завышали* цены, *не было* проблем с сервисом и чтобы доставка была *без срывов*». — Это доминирующее избегание, то есть, скорее всего, особенность человека.
  - «Нам важно, чтобы вы дали нам хорошие цены, *не было* проблем с сервисом и чтобы доставка была в срок». — А вот это уже тот случай, когда избегание появляется разово («не было проблем с сервисом»), что указывает на особую критичность данного фактора для партнера по переговорам. Уловив эту особенность, мы получаем шанс выяснить, почему именно этот фактор критичен. Так мы сможем подстраховаться от проблем при взаимодействии с партнером.

Как видите, калибровка позволяет отличить обычное поведение человека от нетипичных для него проявлений. В таких ситуациях стоит быть настороже, а задав уточняющие вопросы, вы поймете, что стоит за поведением собеседника.

# Типовые модели поведения и отклонения от них

*Много ли действий, которые вы выполняете всегда, без каких-либо исключений? Чистите зубы? Но наверняка хотя бы однажды в жизни не было времени или возможности это сделать (как минимум в детстве такое могло произойти, когда родители не проконтролировали). Много ли того, чего мы не сделаем никогда, то есть вообще ни при каких обстоятельствах? На этот вопрос ответьте себе сами. Разумеется, при наличии у каждого из нас преобладающих моделей поведения бывают и отклонения от них.*

Мы с вами рассмотрим несколько «говорящих» отклонений от типичных для человека метапрограмм и то, каким образом их можно интерпретировать.

Метапрограммы — это «паттерны, которые мы используем для того, чтобы определить, какая информация будет допущена в сознание... Метапрограммы являются ключевыми моментами в процессе мотивации и принятия решений»[1]. Проще говоря, именно метапрограммы определяют модели поведения, соответствующие им ценности и побудительные мотивы человека. К метапрограммам мы с вами отнесем ориентацию на процесс или результат, стремление и избегание, глобальность и детальность и т. д. Остановимся на исключениях: они дают информацию о том, в чем особенность восприятия че-

---

1 О'Коннор Дж., Сеймор Дж. Введение в нейролингвистическое программирование. Новейшая психология личного мастерства. — Челябинск.: Библиотека А. Миллера, 1997. — *Прим. авт.*

ловеком конкретной ситуации и как будет отличаться его поведение в конкретном случае.

## Частичное избегание

*У А. П. Чехова есть рассказ «Человек в футляре». У главного героя этого рассказа такая любимая присказка: «Как бы чего не вышло». Это человек избегания: он рассуждает по принципу «как не надо», «чего я не хочу». Люди стремления думают иначе: «Как я хочу», а люди избегания идут от обратного. Модель «стремление — избегание» можно использовать для профориентации, чтобы понять, в каких профессиях и видах деятельности человек будет успешен. А что это даст нам?*

В этой главе мы поговорим о частичном избегании. Допустим, человек в большинстве случаев использует формулировки стремления, то есть позитивные, но иногда, отвечая на вопрос или говоря о своих ожиданиях, желаниях, потребностях, переходит к формулировкам избегания. Как вы думаете, почему так происходит? Давайте вместе проанализируем примеры, чтобы понять, о чем свидетельствует частичное избегание.

А. Переговоры.

«Что для вас наиболее важно при выборе поставщика?»

«Хорошее качество, репутация компании и чтобы *не срывали сроки поставок*».

Б. Интервью при приеме на работу.

«Что значит хорошее место работы?»

«Хороший коллектив, интересная работа и чтобы зарплату *не задерживали*».

Скорее всего, вы догадались: отмеченные частичным избеганием факторы имеют повышенную значимость для отвечающего. Вопрос в том, почему это так. Причин может быть две: либо имеется негативный опыт и человек не хочет его повторения, либо к данному фактору собеседник имеет повышенную чувствительность.

Отмечая в речи собеседника примеры частичного избегания, мы получаем важную информацию: на что стоит обратить особое внимание при взаимодействии с этим человеком — и не важно, клиент это, подчиненный или кандидат на свободную вакансию. Так, в примере А стоит обратить внимание на точное соблюдение сроков поставок, потому что в противном случае именно это вызовет наибольший негатив со стороны клиента. Если же риски срыва сроков вероятны, стоит заранее продумать, как мы будем компенсировать это клиенту, материально или морально. Из примера Б мы делаем два вывода. Во-первых, нельзя брать этого человека на работу, если задержка зарплаты в нашей компании — постоянная практика, так как сотрудник скоро будет искать новое место. Второй вывод на будущее: в ситуации кризиса, каких-то проблем в компании стоит обратить особое внимание на мотивацию этого сотрудника, так как он может быть демотивирован не только по факту задержки заплаты, но и просто из-за опасений, что подобное может случиться.

Давайте посмотрим на обе ситуации чуть глубже. В примере А нам стоит выяснить два момента: был ли у человека реальный негативный опыт (срыва сроков поставок), и если да, то какой именно. Допустим, мы понимаем: клиента раздражает факт задержки поставок на три месяца, а у нас максимум — неделя. В этом случае ситуация для нас не критична. Пример Б: если у кандидата был неприятный опыт, когда зарплату не выплачивали по три месяца, а у нас вообще нет такой практики, то проблем тоже не будет.

Иногда частичное избегание встречается и в отсутствии у человека негативного опыта. В таком случае оно указывает на болевые точки человека, то есть те моменты, которые для него наиболее критичны, которых он боится. А нам это дает информацию о потенциальных сложностях и проблемах, которые могут возникнуть при сотрудничестве. В данном случае очень актуален тезис «Предупрежден — значит, вооружен». Мы можем либо вообще избежать проблем, либо как-то сгладить ситуацию, если проблемы все же возникнут. Пример А: зная, что клиент особенно чувствителен к соблюдению сроков поставок, мы можем хорошенько проконтролировать логистику или поставщика. Если же риск срыва сроков все-таки имеется, то можно заранее продумать моральную (и даже не только моральную) компенсацию, которую мы предложим клиенту, чтобы его не потерять. Пример Б: сотрудник чувствителен к срокам выплаты зарплаты. Если задержка зарплаты все-таки случится, то требуется индивидуальная работа руководителя: разъяснение причин, гарантия выплаты, обязательства на будущее.

Ну а теперь самый плохой для нас вариант: зона частичного избегания собеседника полностью совпадает с ситуацией в нашей компании. В этом случае может быть несколько вариантов, у каждого из которых есть свои особенности. Давайте рассмотрим их в ситуации с клиентом или партнером.

1. Если данное сотрудничество для нас не особенно важно, мы можем отказаться от него. Для начала нужно определить цену вопроса: понять, насколько риски, которые могут возникнуть в конфликтной ситуации, оправданы выгодой сотрудничества. Разумеется, сразу отказываться от сотрудничества не стоит, но, когда мы предупредим партнера о рисках, весьма вероятно, что он сам решит, что сотрудничество для него неприемлемо. Если не предупредить о рисках, то может сложиться вот такая негативная ситуация:

Пример со сроками поставок мы взяли из реальных переговоров. Речь идет о проектных продажах сложного продукта, импортируемого из Европы. На тот момент, о котором идет речь, у компании были большие сложности со сроками поставок, срыв сроков мог составлять до нескольких месяцев. В переговорах с одним из потенциальных клиентов проявилось частичное избегание, связанное со сроками поставок, однако представитель компании его не заметил или проигнорировал. Срок поставок был сорван, в результате чего клиент предъявил серьезные материальные претензии, и компания была вынуждена их удовлетворить. Но еще более неприятным последствием было то, что неудовлетворенный клиент рассказал об этом инциденте многим другим, в результате чего у компании были серьезные сложности, связанные с восстановлением репутации. Очевидно, что в данной ситуации риск не был оправдан. А что стоило сделать в такой ситуации? Можно было бы просто предупредить о риске, и даже отказ клиента от сотрудничества был бы лучше, чем такие последствия.

2. Мы можем предупредить партнера о возможных рисках. Но вот как избежать его отказа? В данной ситуации особенно важно понимать не только зоны демотивации, о которых сигнализирует частичное избегание, но и зоны мотивации. Если мы их знаем, то можем заранее «компенсировать» вероятные риски как переговорными методами в чистом виде («Да, у нас могут быть более длительные сроки поставки, зато...», «В отличие от многих других, у кого поставки тоже нестабильны, мы сразу говорим вам правду», «Для нашей отрасли длительность поставок — характерная особенность»), так и с помощью материальных льгот (выгодные условия платежа, дополнительный сервис и т.д.). А бывают — к сожалению, редко — и такие варианты:

У одной компании — производителя оборудования и расходных материалов — были сложности с поставками. И этот факт нередко становился причиной отказа клиентов от сделки. Но это не распространялось на одну из групп товаров, потому что у данного оборудования были уникальные характеристики — аналогов на тот момент на рынке не было. И специалисты по продажам прекрасно умели эти преимущества презентовать, расписывая клиентам получаемые выгоды. Уникальность товара компенсировала зону частичного избегания у большинства клиентов.

3. Еще один вариант — убрать или минимизировать негативные для партнера факторы. И здесь важны два пун-

кта: принципиальная возможность этого и цена вопроса, то есть насколько выгода от сотрудничества превысит затраты на устранение демотиватора.
Самое главное — решать возникший вопрос, а не делать вид, что ничего не происходит. Как и в классической конфликтологии, в подобных случаях страусиная политика может привести к значительным рискам, включая репутационные.

А теперь давайте вернемся к ситуации с кандидатом. Итак, зона частичного избегания кандидата полностью или частично совпадает с ситуацией в компании. По какой-то причине мы не готовы отказаться от этого кандидата (нет других, уникальная квалификация, уникальные связи или возможности). Самое плохое, как и в ситуации с клиентом, не предупредить кандидата, положившись на авось.

Недавно одна из участниц тренинга рассказала такую историю. Она начинающий менеджер по персоналу, не так давно работает в компании, но проходила специальное обучение. Однажды совместно с главным бухгалтером она проводила интервью на должность старшего бухгалтера. Кандидатка, очень хороший профессионал, сразу понравилась руководителю. В ходе беседы на вопрос рекрутера: «Что такое хорошие условия работы?» — кандидат ответила: «Это хороший коллектив, атмосфера и чтобы переработок особенных не было». Как видите, в данном ответе частичным избеганием будут переработки. Также вы могли заметить слово «особенных», указывающее на подтекст. Рекрутер уточнила, что такое «особенные переработки», и получила ответ: «Более часа». По итогам интервью кандидат очень понравилась главному бухгалтеру, и та сказала: «Надо брать». Менеджер по персоналу предложила переговорить с кандидатом еще раз и предупредить, что переработки могут быть и заметно более часа, включая выход на работу в субботу. Однако реакция была примерно такой: «Ничего, все работают так, и она привыкнет».

Поскольку статус главного бухгалтера оказался выше, то с кандидатом не было оговорено количество переработок. В итоге новый старший бухгалтер сразу же очень хорошо проявила себя профессионально, и в первое время у нее не было необходимости задерживаться более часа. Однако через некоторое время ситуация изменилась, и старшему бухгалтеру приходилось задерживаться на два — два с половиной часа, поскольку в компании именно так был распределен объем работ. Через неделю она подошла к своему руководителю и сказала, что у нее нет возможности задерживаться на такое время ежедневно, поскольку она не может договориться с няней ребенка о постоянных задержках. Но объем ее работы снижен не был, в результате чего она уволилась. На выходном интервью (интервью, которое проводит служба персонала для выяснения причин ухода) наша героиня с сожалением сказала, что ей все очень нравится, но если бы ее предупредили изначально об объеме переработок, то она не стала бы претендовать на эту позицию. И тогда ей не пришлось бы увольняться с предыдущей работы, а компания не потратила бы время зря.

С кандидатом обязательно нужно обговорить те моменты, которые попали в зоны избегания. Однако тут стоит придерживаться нескольких важных правил, чтобы не потерять кандидата сразу:

1. Сначала следует рассказать о положительных моментах, чтобы у кандидата сложилось хорошее первое впечатление. Потом, безусловно, необходимо сказать правду о негативных моментах, а закончить опять на позитиве. Это так называемый принцип сэндвича: «позитив — негатив — позитив», основанный на эффекте края (особенность восприятия, в силу которой первое и последнее запоминается лучше).
2. Необходимо правильно подать негативные моменты. В данном случае мы можем использовать прием рефрей-

минг, который позволит, не скрывая негативные для сотрудника моменты, показать их с позитивной или нейтральной стороны либо сразу противопоставить им позитив. Например, у кандидата проявилось частичное избегание: «Мне важно, чтобы не было неопределенности», а у нас в компании много изменений, причем нередко непредсказуемых. Мы говорим кандидату, что в нашей компании он сможет очень быстро повысить свою квалификацию и ценность, так как частые изменения позволят ему научиться новому.

А теперь давайте остановимся на варианте «частичное избегание» у вашего подчиненного. Это зоны сомнения, страха или потенциальной демотивации, поэтому, слыша их при делегировании или обсуждении работы, необходимо уточнить, почему они возникли у вашего сотрудника. Например: «Что ты думаешь по поводу предстоящих переговоров с клиентом А?» — «Я думаю, что сделка не сорвется». Это частичное избегание указывает на то, что сотрудник думает о риске срыва сделки. Задача руководителя состоит в том, чтобы уточнить, какие у сотрудника есть опасения, и в совместном обсуждении разрешить ситуацию. Может быть несколько вариантов, и в зависимости от того, что мы узнаем, задав вопрос, руководителю стоит по-разному вести себя. Есть вероятность, что сотрудник просто не уверен в себе, у него заниженная самооценка, а никаких объективных причин для опасений нет. В этом случае руководитель может убедить сотрудника в том, что у него все получится. Возможен и другой вариант: есть некие объективные причины для сомнений. Допустим, подобные прецеденты с этим клиентом или подобными ему в прошлом, высказанные ранее клиентом сомнения, наше предложение явно не будет лучшим и т.д. Выяснив причины, руководитель вместе с сотрудником должен продумать те меры, которые позволят эффективно и успешно провести переговоры.

### Очень важно!

Даже те, кто знает этот метод, замечает частичные избегания и делает правильные выводы о том, что затронута зона риска, допускают одну критически важную ошибку. Как ни странно, эта ошибка часто вызвана обучением эффективным коммуникациям. Многих из нас учили позитивно формулировать свои мысли, избегать отрицания. И мы по привычке говорим таким образом и с человеком избегания («Главное, чтобы не срывались сроки». — «Со сроками все будет в порядке»). Но нам стоит «возвращать» избегания. Что это значит? На фразу клиента «Главное, чтобы не срывались сроки» мы отвечаем: «Сроки не будут сорваны». Если кандидат говорит: «Мне важно, чтобы работа не была рутинной», мы говорим, что работа «не будет рутинной». Людей, в речи которых проявилась модель избегания, лучше убеждать с помощью этой же модели.

## Вовлеченность — отстраненность — пассивность

*По щучьему велению, по моему хотению…*

Эта фраза, которой Емеля из сказки начинал любое пожелание, — ключ к нашему следующему подходу. Вы ставите задачу перед подчиненным, обозначаете необходимые дальнейшие действия партнера по переговорам, просите кандидата на вакансию описать его действия в определенном проекте или просто его первый рабочий день. На что стоит обратить внимание в ответе собеседника?

Мы можем проанализировать метапрограмму *активность — аналитизм — пассивность*[1]. Давайте разберемся, что это такое.

[1] Подробнее об этом см.: Иванова С. Искусство подбора персонала. Как оценить человека за час. — М.: Альпина Паблишер, 2014. — *Прим. авт.*

Некоторые люди в большинстве случаев склонны к активной деятельности (если брать профессиональные сферы, то это продажи, организация других людей или процессов, ряд производственных видов деятельности). Другим предпочтительна работа, связанная с анализом и обработкой информации (финансовый аналитик, бухгалтер и т. д.). Есть еще одна категория людей — пассивные, те, кто предпринимает что-то только под внешним воздействием.

Помимо склонности к определенной работе, можно говорить и о том, что люди с той или иной доминирующей метапрограммой будут по-разному вести себя на переговорах и в бизнесе в целом. Метапрограмма *активность* в большинстве случаев будет означать, что человек в переговорах склонен к быстрому принятию решений и переходу к активным действиям, иногда уделяя сбору и анализу информации недостаточное внимание. С таким человеком важно быстро находить точки соприкосновения, не перегружая его информацией, сразу намечать план действий.

При доминирующей метапрограмме *аналитизм* ваш партнер будет долго и скрупулезно собирать информацию, оценивать ее и взвешивать, прежде чем перейдет к действиям. Для достижения успеха в коммуникации с таким человеком необходимо заранее подготовить максимум необходимой для анализа информации, подробно обсудить ее и четко наметить сроки принятия решения, так как иначе этот процесс может затянуться. В то же время не стоит давить — необходимо дать достаточно времени для анализа информации.

Метапрограмма *пассивность* означает, что ваш собеседник не будет самостоятельно принимать решения и уж точно не проявит инициативу, не включится активно в решение проблемы. Так что в этой ситуации перед вами стоит задача: либо искать другого человека, который действительно готов решать и действовать, либо постоянно подталкивать «пассивного».

Определить метапрограмму проще всего следующим образом: мы задаем человеку какой-то вопрос общего плана. Например, на интервью при найме можно спросить: «Представьте себе, что мы берем вас на работу. Опишите свой первый рабочий день». На переговорах можно задать такой вопрос: «Если наше сотрудничество состоится, как вы видите первые шаги с вашей стороны?» А затем мы оцениваем, какие слова преобладают в ответе собеседника:

- метапрограмма *активность*: активные глаголы (*сделаю, сделал бы*);
- метапрограмма *аналитизм*: отглагольные слова (*изучение, выполнение*) или сочетания с инфинитивом (*надо сделать, стоит обдумать*);
- метапрограмма *пассивность*: пассивные формы (*мне дадут, выполняется*).

Помимо общего анализа метапрограммы мы можем сделать вывод о том, как будет проявлять себя человек в какой-то конкретной ситуации. Надо отметить, что, несмотря на доминанту той или иной метапрограммы, в зависимости от ситуации поведение меняется, иногда вплоть до диаметрально противоположного по сравнению с обычным. В этом случае мы будем оценивать не преобладание тех или иных формулировок, а все формулировки, которые появились в речи человека, даже если какая-то из них прозвучала всего один раз.

Чтобы исключить путаницу с методом оценки метапрограмм в целом, давайте в данной технике договоримся о терминах *вовлеченность — отстраненность — пассивность*. *Вовлеченность* означает, что человек будет активно и целенаправленно делать то, о чем он сейчас говорил. *Отстраненность* — признак либо дискомфорта в данной ситуации, либо скорее теоретического, нежели практического подхода. *Пассивность* — нежелание действовать без нажима или дополнительного стимулирования.

Итак, мы просим собеседника (сотрудника, кандидата или партнера по переговорам) описать свои действия в конкретной ситуации:

- «Вася, тебе предстоит стать наставником. В течение испытательного срока новичка нужно подготовить его к самостоятельной работе. Опиши свои шаги, пожалуйста».
- «Василий, представьте себе, что мы приглашаем вас на этот проект в нашу компанию. Пожалуйста, последовательно опишите свои действия».
- «Василий Петрович, ситуация с дебиторской задолженностью вашей компании становится критической. Будьте добры, опишите ваши действия по разрешению данной ситуации, чтобы мы могли их обсудить».

Очень важно, чтобы форма вопроса не подсказывала форму ответа. Поэтому мы не должны спрашивать: «Что вы будете делать?» — стоит использовать формулировки типа «ваши действия», «ваши шаги», «этапы решения этой задачи» и т. п.

Ответы, в которых используются активные глаголы (*сделаю, буду делать, узнаю, сделал бы, узнал бы* и т. д. — с поправкой на условный тип глагола), укажут нам на *вовлеченность*, то есть человек намерен предпринимать активные действия для достижения обсуждаемой цели. При этом условные глаголы скажут нам о меньшей степени уверенности человека. И мы можем сделать вывод о том, что человек намерен приступать к действиям по решению данной задачи. При наличии условного глагола стоит уточнить, есть ли какие-то сомнения. Если они имеются, то стоит их совместно обсудить и придумать, как минимизировать риски.

Ответы, в которых человек использует сочетания с неопределенной формой глагола, или инфинитивом (*надо сделать, необходимо узнать, стоит привлечь*), и отглагольные прилагательные (*изучение, анализ, применение*), укажут нам на некоторую *отстраненность*, то есть человек либо испытывает дискомфорт в данной ситуации, либо не очень точно представляет себе характер действий, то есть ему необходимо подумать. В такой ситуации мы можем уточнить, есть ли какие-то сложности, которые человек видит в данной ситуации, возможно, ему нужна дополнительная информация. Чуть позже мы разберем, как различаются тактики дальнейшего взаимодействия в зависимости от того, с кем мы имеем дело — с кандидатом, сотрудником или партнером по переговорам.

Если же собеседник использует пассивные, безличные формы (*нам дадут, будет сделано, выполняется эта задача*), то это говорит нам о том, что, скорее всего, человек ничего делать не будет. В данном случае нам необходимо принять это к сведению и в зависимости от того, о ком идет речь, либо просто не рассматривать его как кандидата, либо делегировать задачу другому подчиненному, либо искать аргументы или другого представителя компании-партнера.

А теперь самое главное! Чтобы не перепутать общую метапрограмму с поведением в конкретной ситуации, мы должны обращать внимание на разницу в параметрах *вовлеченность — отстраненность — пассивность* при перечислении разных действий. И это может касаться как различия в ответах на несколько вопросов, так и в рамках одного ответа. Например, часть действий в определенной ситуации человек описывает в формате вовлеченность, а часть — отстраненность. Это означает, что он по-разному будет вести себя на разных этапах решения данной задачи.

Например, мы ставим перед сотрудником задачу: снизить дебиторскую задолженность за счет получения платежа от конкретного клиента — и просим его описать свои действия в данной ситуации. Сотрудник говорит: «Я проверю уровень дебиторки и количество дней просрочки по каждому платежу, затем подготовлю пакет документов, согласую его с юристами, а после надо будет звонить представителю клиента и сообщать ему о необходимости проплаты и возможных санкциях в случае дальнейшей просрочки платежа». Как мы видим, сотрудник уверенно себя чувствует и действует на этапе подготовки, согласования, но для него явно дискомфортна ситуация неприятных переговоров с клиентом. Понимая это, руководитель может детально обговорить именно этот этап, а также запланировать для себя более тщательный его контроль. Если бы мы не обратили внимания на этот момент, могли бы получить неэффективную работу на финальном этапе возврата дебиторской задолженности.

Пример с кандидатом из недавнего интервью: один и тот же человек, отвечая на кейсы (гипотетические вопросы по принципу «представьте себе») об управлении командой, использовал модель вовлеченность: «Я соберу команду, объясню, почему нам необходимо выйти на работу в выходной». А когда речь шла о технической стороне и производственных процессах, использовал формулировки либо отстраненности, либо пассивности. Именно это насторожило и стало основанием для более полного тестирования производственно-технической квалификации. В итоге оказалось, что это была наиболее слабая сторона кандидата, и ее придирчивая оценка помогла избежать ошибки при подборе, так как сам кандидат утверждал, что его квалификация высока, и хорошо себя презентовал.

## Практикум

Давайте разберем несколько примеров. Оцените, в чем могут возникнуть проблемы. Какие действия и почему вы предложите в подобных ситуациях?

1. Постановка задачи перед сотрудником.
   Руководитель: «Маша, тебе нужно будет подготовить коммерческое предложение для клиента X (я тебе пересылала его изначальный запрос), договориться о встрече и провести ее в течение ближайших двух дней, так как запрос у них срочный. Результатом встречи должно быть точное техническое задание по проекту, которое ты подтвердишь у клиента в течение дня после встречи по почте. Расскажи, как ты будешь действовать».
   Сотрудник: «Я поняла. Запрос я прочитала, сегодня я договорюсь о встрече и заодно задам пару вопросов, чтобы точно составить коммерческое предложение. Составлю

предложение. Встречу проведу завтра, так как клиент явно выбирает из нескольких предложений. Как я поняла, в ходе встречи необходимо уточнить техническое задание и затем его подтвердить в течение одного дня».

2. Перевод сотрудника на новую должность.
   Речь пойдет о работе с кадровым резервом. Беседа с потенциальным супервайзером: планируется его перевод с рядовой должности на руководящую, необходимо оценить перспективы и зоны развития.
   Руководитель: «Расскажи, как ты видишь свою работу, ее основные моменты при переводе на должность супервайзера».
   Сотрудник: «Я проанализирую эффективность каждого из представителей, проведу с ними совместные визиты и намечу план развития каждого. Я знаю, что есть две открытые вакансии, и надеюсь, что служба персонала предоставит кандидатов, и мне предстоит выбрать наиболее подходящих. После чего — их адаптация на новом месте. Параллельно я проведу аудит территории и выявлю тот потенциал развития, который пока не реализован».

3. Переговоры с поставщиком.
   Ситуация такова: поставщик периодически поставляет часть ассортимента не в полном объеме. У закупщика более сильные позиции, и он во многом способен диктовать свои условия, однако не очень хочет менять поставщика, так как у того хорошее качество продукции. В то же время проблема требует быстрого разрешения: из-за недопоставок возникает простой на производстве, что ведет к убыткам. После обычной преамбулы в переговорах представители поставщика и закупщика перешли к обсуждению возникшей ситуации.
   Закупщик: «У нас неоднократно возникала ситуация с недопоставкой товара по позиции Х. Для нас это большая проблема, так как мы не можем обеспечить произ-

водство, происходит простой. А это большие убытки. Руководство требует, чтобы я либо кардинально исправил ситуацию в работе именно с вашей компанией, либо искал другого поставщика. И я хотел бы знать, как вы видите решение данной проблемы».
Поставщик: «Мне придется вести переговоры с нашей головной компанией, потому что именно от них зависит поставка данных позиций. Думаю, что мне удастся на них повлиять. Есть еще один вариант: я выбиваю для вас эксклюзивную поставку по аналогу Х — У. Вы сами убедитесь, что для вашего производства этот вариант будет так же эффективен, причем в этой ситуации я смогу дать вам лучшие цены».
Закупщик: «А почему вы нам тогда раньше не предложили У?»
Поставщик: «Раньше по У были нарекания по качественным характеристикам, я не хотел рисковать нашей репутацией в ваших глазах. Сейчас качественные характеристики отличные, так что можем с вами рассмотреть такой вариант».

4. Интервью при приеме на работу.
Рассматриваем кандидата на должность руководителя филиала. Его задача — с нуля открыть филиал и вывести на плановые показатели.
Интервьюер: «Расскажите об основных своих действиях по открытию филиала».
Кандидат: «Мне предстоит сначала составить бизнес-план на основе финансовых показателей, заданных вами. Я проведу исследование потенциала региона — на основе как личного опыта, так и открытых источников. Кроме того, круг клиентов, которые могут быть интересны вашей компании, я знаю по прошлой работе, так что смогу с ними предварительно пообщаться. Параллельно мне предстоит выбор офиса и решение технических задач. Думаю, что ваша служба АХО обеспе-

чит меня всей необходимой информацией. Параллельно я размещу рекламу на вакансии — кстати, знаю несколько человек, которых могу перетянуть из других компаний. Сформирую штат, после чего распределю территорию, и начинаем работать уже в плановом режиме».

## Варианты ответов

В текстах выделены формулировки отстраненности или пассивности, которые выпадают из общего ряда. После текста даны комментарии о том, какие действия стоит предпринять, получив такие ответы.

1. Постановка задачи перед сотрудником.
   Руководитель: «Маша, тебе нужно будет подготовить коммерческое предложение для клиента X (я тебе пересылала его изначальный запрос), договориться о встрече и провести ее в течение ближайших двух дней, так как запрос у них срочный. Результатом встречи должно быть точное техническое задание по проекту, которое ты подтвердишь у клиента в течение дня после встречи по почте. Расскажи, как ты будешь действовать».
   Сотрудник: «Я поняла. Запрос я прочитала, сегодня я договорюсь о встрече и заодно задам пару вопросов, чтобы точно составить коммерческое предложение. Составлю предложение. Встречу проведу завтра, так как клиент явно выбирает из нескольких предложений. Как я поняла, в ходе встречи *необходимо уточнить* техническое задание и затем его *подтвердить* в течение одного дня».

По сравнению с остальными формулировками активности выделяются две отстраненности. О чем это может говорить? Руководителю стоит в этой ситуации уточнить: «Маша, а у тебя есть какие-то сомнения или вопросы по поводу уточнения и подтверждения технического задания?» В зависимости от ответа может быть несколько вариантов:

- не хватает навыков — руководитель должен либо научить, либо делегировать задачу другому сотруднику (если нехватка навыков значительна);
- неуверенность сотрудника в себе — выясняем причину, даем поддержку;
- сомнения именно в конкретной ситуации и именно с этим клиентом — выявляем причину и совместно разрабатываем план действий;
- невнятный ответ, который, скорее всего, говорит о том, что сотруднику эта часть задачи неинтересна, — усиливаем мотивацию и контроль.

Как видите, уловив момент отстраненности, руководитель получает возможность действовать проактивно.

2. Перевод сотрудника на новую должность.
   Речь пойдет о работе с кадровым резервом. Беседа с потенциальным супервайзером: планируется его перевод с рядовой должности на руководящую, необходимо оценить перспективы и зоны развития.
   Руководитель: «Расскажи, как ты видишь свою работу, ее основные моменты при переводе на должность супервайзера».
   Сотрудник: «Я проанализирую эффективность каждого из представителей, проведу с ними совместные визиты и намечу план развития каждого. Я знаю, что есть две открытые вакансии, и надеюсь, что служба персонала *предоставит* кандидатов, и мне *предстоит выбрать* наиболее подходящих. После чего — *их адаптация* на новом месте. Параллельно я проведу аудит территории и выявлю тот потенциал развития, который пока не реализован».
   Исходя из ответа, мы видим, что наш потенциальный супервайзер уверенно чувствует себя в работе по контролю и развитию уже работающих представителей, он

готов проводить совместные визиты и развивать персонал. Так же уверенно он говорит об анализе потенциала территории. Зона риска — подбор и адаптация персонала: именно тут проявляется отстраненность и даже пассивность. По аналогии с предыдущим случаем руководителю стоит уточнить причины и в зависимости от результата наметить зону развития будущего супервайзера: это будет либо работа с его мотивацией (если причина отстраненности и пассивности — непонимание значимости этих задач или страх перед ними), либо наставничество и обучение (если сотруднику не хватает конкретных навыков).

3. Переговоры с поставщиком.
   Ситуация такова: поставщик периодически поставляет часть ассортимента не в полном объеме. У закупщика более сильные позиции, и он во многом способен диктовать свои условия, однако не очень хочет менять поставщика, так как у того хорошее качество продукции. В то же время ситуация требует быстрого разрешения: из-за недопоставок возникает простой на производстве, что ведет к убыткам. После обычной преамбулы в переговорах представители поставщика и закупщика перешли к обсуждению возникшей ситуации.
   Закупщик: «У нас неоднократно возникала ситуация с недопоставкой товара по позиции X. Для нас это большая проблема, так как мы не можем обеспечить производство, происходит простой. А это большие убытки. Руководство требует, чтобы я либо кардинально исправил ситуацию в работе именно с вашей компанией, либо искал другого поставщика. И я хотел бы знать, как вы видите решение данной проблемы».
   Поставщик: «Мне *придется вести* переговоры с нашей головной компанией, потому что именно от них зави-

сит поставка данных позиций. Думаю, что мне *удастся на них повлиять*. Есть еще один вариант — я выбиваю для вас эксклюзивную поставку по аналогу Х — У. Вы сами убедитесь, что для вашего производства этот вариант будет так же эффективен, причем в этой ситуации я смогу дать вам лучшие цены».

Закупщик: «А почему вы нам тогда раньше не предложили У?»

Поставщик: «Раньше по У были нарекания по качественным характеристикам, я не хотел рисковать нашей репутацией в ваших глазах. Сейчас качественные характеристики отличные, так что можем с вами рассмотреть такой вариант».

Из ответа поставщика представляется очевидным, что он сильно сомневается в успехе первого плана. В данном случае у закупщика есть два варианта:

- уточнять, в чем причина сомнений или нежелания представителя поставщика взаимодействовать с головной конторой, однако это вряд ли принесет заметный успех: все равно повлиять на внутренние взаимоотношения закупщику сложно;
- если качество товара У действительно стало высоким, то стоит склониться к этому варианту сотрудничества, так как здесь мы явно видим уверенность и заинтересованность со стороны представителя поставщика.

4. Интервью при приеме на работу.

   Рассматриваем кандидата на должность руководителя филиала. Его задача — с нуля открыть филиал и вывести на плановые показатели.

   Интервьюер: «Расскажите об основных своих действиях по открытию филиала».

   Кандидат: «Мне *предстоит* сначала *составить бизнес-план* на основе финансовых показателей, заданных

> вами. Я проведу исследование потенциала региона — на основе как личного опыта, так и открытых источников. Кроме того, круг клиентов, которые могут быть интересны вашей компании, я знаю по прошлой работе, так что смогу с ними предварительно пообщаться. Параллельно мне *предстоит выбор офиса и решение технических задач*. Думаю, что ваша *служба АХО обеспечит меня всей необходимой информацией*. Параллельно я размещу рекламу на вакансии — кстати, знаю несколько человек, которых могу перетянуть из других компаний. Сформирую штат, после чего распределю территорию, и начинаем работать уже в плановом режиме».

Согласно выделенным формулировкам, мы видим, что есть две зоны риска — составление бизнес-плана и офисно-технические задачи, причем вторые явно вызывают больше вопросов.

По первому пункту может быть два варианта: общая неуверенность в составлении бизнес-плана или нелюбовь к этому процессу. Необходимо будет выяснить, до какой степени критично то или другое, то есть стоит с этим работать в случае приема человека на работу или проще отказаться от его кандидатуры. Второй вариант: отстраненность вызвана не фактом составления бизнес-плана вообще, а несогласием именно с заданными финансовыми показателями. В таком случае это может стать предметом переговоров между компанией и кандидатом.

Второй пункт, скорее всего, связан с тем, что данные задачи кандидату не особенно интересны (для кандидатов на позиции в управлении продажами это характерно). В данном случае это и не будет основной компетенцией, поэтому мы действительно можем делегировать часть административно-хозяйственных вопросов соответствующей службе и организовать эффективное взаимодействие.

## Глобальность — детальность

*«Поскользнулся, упал, очнулся — гипс», — повторяет всем Семен Семенович Горбунков в фильме «Бриллиантовая рука». К моменту, когда мы слышим эти слова, мы уже знаем, что Семен Семеныч говорит неправду. А могли бы об этом догадаться те, кто его слушает? Именно этот момент мы с вами и обсудим.*

У каждого из нас свой уровень *глобальности — детальности*. Это проявляется в выборе профессии и хобби, качестве работы, а также (и это самое главное для нас) в речи человека. Глобальный человек ни за что не станет работать бухгалтером или делопроизводителем — или будет крайне неуспешен в этой деятельности, а детальный директор по развитию вряд ли преуспеет. Вышивание крестиком или резьба по дереву скорее подойдут детальному человеку, а не глобальному. В речи каждого из нас также проявляется определенная степень глобальности и детальности. Просто слушая собеседника (партнера по переговорам, кандидата, своего сотрудника), можно откалибровать, то есть определить, его *обычный* уровень глобальности и детальности. Например, тот же Семен Семеныч явно дает излишнюю информацию: на вопрос «Что у вас с рукой?» — он не просто говорит о переломе, а рассказывает про «поскользнулся, упал, очнулся — гипс». Также можно специально задать для этого вопросы, по ответам на которые мы и сможем определить степень проявления глобальности — детальности. Например:

- «Каковы ваши требования к поставщику (товару, условиям сотрудничества)?» — спросим мы на переговорах;
- «Как вы узнали о нашей вакансии?» — поинтересуемся на интервью.

Давайте посмотрим, как в ответах проявляется разная степень глобальности — детальности:

- «Что для вас важно при выборе поставщика?» — спрашиваем мы потенциального клиента на переговорах.

- «Для нас важна репутация, логистика и ценовая политика» — *глобальность*.
- «Для нас важно, чтобы у компании была позитивная репутация в отношениях с партнерами и хорошая кредитная история, важна возможность быстрой доставки и работа по отсрочке или рассрочке платежа» — *средний вариант*.
- «Для нас важно, чтобы о компании были позитивные отзывы в открытых источниках, можно было бы получить хорошие отзывы от других партнеров; должна быть возможность как запланированной, так и внеплановой доставки не более чем за три дня; гибкая ценовая политика должна предполагать наряду с предоплатой и возможность отсрочки платежа не менее чем на месяц, и рассрочку в три транша в сроки по факту поставки, через месяц и полтора месяца» — высокая степень *детальности*.

- «Как вы узнали о вакансии?» — интересуемся мы на интервью.
  - «Мне позвонили из агентства» — *глобальный* ответ.
  - «Мне позвонили из агентства, консультант сказала, что в вашей компании появилось новое направление и в связи с этим открыта вакансия» — *средний уровень*.
  - «Когда-то я направлял в агентство X свое резюме, и вдруг они мне позвонили. Хотя я сейчас вообще-то ничего не искал, но ваша вакансия очень интересна тем, что это новое направление, стартап, поэтому я решил прийти к вам на интервью» — высокая степень *детальности*.

А уж глобальность — детальность, обычную для своих подчиненных, вы наверняка знаете, не исключено даже, что она вас нередко раздражала, если отличалась от предпочитаемой вами. Например, сотрудник постоянно пропускает важные, с вашей точки зрения, детали или, наоборот, отчитывается слишком подробно.

Итак, вы знаете обычный уровень глобальности — детальности своего сотрудника или смогли определить его при первичном контакте с клиентом или кандидатом. О чем будет говорить резкое изменение этого уровня?

## Повышение уровня детальности

Резкое повышение уровня детальности (собеседник начинает перечислять детали и факты, о которых его не спрашивают и которые явно излишни) в подавляющем большинстве случаев говорит о том, что к искажению или неполному предоставлению информации человек подготовился заранее. Для придания достоверности своим словам он старается привести как можно больше деталей, в том числе и ненужных. Если вы — любитель детективов, то наверняка сталкивались с такими примерами в литературе. Подсознательно большинство людей считает, что чем подробнее они рассказали о ситуации, тем правдивее выглядят их слова. В подобном случае мы делаем несколько принципиальных выводов:

- человек подготовился к «дезинформации», то есть он заранее знал, что будет что-то скрывать, приукрашивать, подавать под другим соусом. Конечно, это свидетельствует о таком качестве, как предусмотрительность, но гораздо важнее проблема: ведь если человек заранее готовится какую-то информацию исказить, значит, считает это для себя весьма важным. А в этом может крыться значительный риск для нас;
- есть опасность, что и в остальной части переговоров или интервью мы получаем «легенды». Значит, стоит скептически отнестись к предоставляемой информации и внимательно отнестись ко всей беседе;
- если речь идет об интервью при приеме на работу или об отчете подчиненного перед начальником, то можно предположить, что человек знаком с описываемым явлением как минимум теоретически (иначе он не смог бы придумать правдоподобные детали).

Давайте рассмотрим примеры:

1. Переговоры. В ходе беседы мы определили, что у собеседника — средний уровень детальности. Но на вопрос о гарантиях своевременных выплат по отсрочке платежа (и кто бы мог дать подобные гарантии) он начал свой ответ с подробного рассказа об истории компании, длительности ее существования, списке партнеров и т. п. Еще через пять минут он заговорил о том, как у них выстроена финансовая служба, кто именно занимается кредиторкой и т. д. В общем, всего не запомнить. В итоге конкретный ответ мы так и не получили, зато узнали массу ненужных деталей. Вывод: понимая, что не сможет дать конкретных гарантий и ссылок, человек заранее подготовил детали, чтобы «утопить» в них собеседников.
2. Интервью при приеме на работу. Был определен низкий уровень детальности собеседника. На вопрос, участвовал ли кандидат в определенном проекте, мы получили примерно такой ответ: «Наша головная компания долго, почти в течение двух лет, планировала и утверждала проведение подобных проектов в регионах, в частности изначально рассматривалось десять филиалов из двадцати трех. В итоге проекты были утверждены только в восьми филиалах — один из них тот, в котором работал я. Затем почти пять месяцев я писал бизнес-план, который состоял из финансового обоснования, анализа рынка, а также планирования деятельности на год по диаграмме Ганта. План утверждался на совете директоров, после чего был выделен бюджет X. Далее...» Чтобы не тратить ваше время, остановимся на этом. Давайте вспомним, что вопрос был всего лишь о факте участия в проекте, мы вовсе не просили рассказать о нем подробно. Но! В контексте конкретных требований к вакансии кандидат прекрасно понимал, что без реального опыта ведения определенного типа проектов его не пригласят на работу, — вот и подготовился.

## Снижение уровня детальности

Иногда уровень детальности становится ниже обычного (определенного нами в процессе беседы) при ответе на какой-то вопрос или формулировке коммерческого предложения. Это говорит о том, что человек придумывает на ходу: он не был в описываемой ситуации или не владеет детальной информацией о том, что нам предлагает, — и поэтому в его речи явно не хватает значимых подробностей. То есть и в этом случае мы не получаем достоверной информации, но на этот раз понимаем, что человек не подготовил свое выступление заранее (тогда было бы избыточное количество деталей), а импровизирует. В данной ситуации гораздо легче (если стоит такая цель) вывести собеседника на чистую воду, так как, в отличие от подготовленного варианта полной или частичной дезинформации, здесь нет заранее проложенных путей к отступлению. Если же такая цель не стоит, то мы просто делаем для себя выводы.

Например:

> Сотрудник рассказывает о своих усилиях по достижению договоренности с клиентом, важным для компании, но которого он избегает из-за не слишком приятного характера и стиля общения. Сотрудник (обычно он проявляет высокий уровень детальности) утверждает, что неоднократно выходил на связь с клиентом.
>
> «Ты звонил клиенту?»
>
> «Да».
>
> «Сколько раз?»
>
> «Несколько раз».
>
> «А когда?»
>
> «В течение дня».
>
> И далее в таком же духе. Вывод: не подготовившись заранее к разговору, человек не может быстро придумать достоверные детали и отвечает «в общем и целом».

Интересно, что очень часто сниженной детальностью отличается речь персональных помощников и секретарей, которых руководители вынуждают скрывать их наличие в офисе или придумывать различные отговорки:

«Иван Иванович куда-то вышел».

«Когда вернется?»

«Точно не знаю, ближе к вечеру, наверное».

И далее в том же духе. И это при том, что одной из основных задач помощника руководителя считается планирование его рабочего дня, так что предположить, что он совсем уж ничего не знает, очень сложно.

Какой мы можем сделать вывод? В начале общения или, по крайней мере, в первой его четверти стоит определить степень детальности собеседника, чтобы заметить резкие изменения в ту или иную сторону. В зависимости от ситуации мы можем:

- перепроверить информацию, задавая другие вопросы (как правило, на интервью);
- дать понять, что не верим (чаще всего с подчиненным), если это позволяет ситуация, этикет и наши интересы;
- получить информацию из других источников (чаще всего с партнерами, клиентами и поставщиками);
- понять, что данное сотрудничество нам не интересно (как крайний вариант — возможно в любой ситуации).

## Ориентация на процесс — результат

*«Два. Давай дневник», — строгим голосом говорит учительница. «Ну почему два? Я учи-и-ил», — жалобно тянет двоечник.*

Ориентация на процесс или на результат — это еще одна метапрограмма, которая определяет важные особенности поведения человека. Как мы уже говорили, метапрограммы показывают доминантное поведение человека. Под *ориентацией на результат* мы будем понимать не стремление к качественному и своевременному выполнению работы (это может быть и у людей, ориентированных на процесс), а желание активно влиять на финальные показатели деятельности, добиваться результатов «быстрее, выше, сильнее». Например, в активных продажах такая возможность есть, а вот сделать проводок больше, чем нужно, или лучше, чем предписывают правила, нельзя. *Ориентация на процесс* подразумевает фиксацию на самом процессе, технологиях, качественном их исполнении, а не на финале и тем более не на превышении показателей. Как и в большинстве метапрограмм, абсолютные крайности встречаются редко, чаще попадаются смешанные типажи, однако, как правило, какой-то из полюсов доминирует.

Можно отметить три вида индикаторов процесса — результата:

1. Классические глагольные пары типа *делаю, делал, буду делать* (процесс) и *сделал, сделаю* (результат). Одно исключение из этого правила мы рассмотрим чуть позднее.
2. Существительные, обозначающие процессы и результаты: *проведение переговоров* (процесс) и *завершение сделки* (результат).
3. Рассказ по принципу *как, каким образом* (процесс) и *зачем, для чего* (результат). Например: «Показываю презентацию *с помощью проектора*» (процесс) и «Показываю презентацию *для усиления эффекта выступления*» (результат).

В зависимости от преобладающей метапрограммы у каждого конкретного человека будут доминировать те или иные индикаторы. Нас же в данном случае, как и в темах стремление — избегание и вовлеченность — отстраненность — пассивность, интересует не метапрограмма как таковая, а ее ситуативное проявление в речи. Мы, как и прежде, будем говорить обо всех коммуникативных ситуациях, не ограничиваясь какой-то профессией или видом деятельности.

Когда человек говорит о будущем и использует совершенный вид глагола (например, *сделать*), он подсознательно ориентирует себя на достижение результата и ответственность за него. Несовершенный вид (*буду делать*) формирует ориентацию на процесс и увеличивает риск ухода от ответственности за достижение результата. Соответственно, мы можем проактивно проанализировать возможности и угрозы поведения человека и нашего взаимодействия с ним. Проведя такой анализ, мы в дальнейшем сумеем подстраховаться и избежать ненужных рисков.

Еще один вариант, на который стоит обратить внимание, — появление в речи глаголов формально совершенного вида, но при этом не означающих достижения результата. Например: «Я хочу у вас *поработать*», «Я *поделаю* уроки», «Мы сегодня *поучим* новые стандарты», «*Порешаем* ваш вопрос».

Для нас в данном случае эти глаголы так же, как и глаголы несовершенного вида, означают необходимость убедиться в том, что результат все-таки будет достигнут.

В процессе беседы мы выявляем те формулировки собеседника (кандидата, подчиненного, клиента или партнера), которые имеют индикаторы процесса — результата, и при необходимости уточняем ситуацию либо перепроверяем ответы.

Еще один интересный случай, который требует особого внимания, — это двувидовые глаголы (употребляются в значениях и совершенного, и несовершенного вида), например: *использовать, автоматизировать, воздействовать, обещать* и т. д. Если вы встречаете в речи человека глаголы этой группы, то стоит уточнять, что человек имеет в виду — процесс или результат.

Давайте рассмотрим ряд примеров — использование в речи двувидовых глаголов и уточнения, которые позволят разобраться в ситуации:

1. Интервью при приеме на работу.
   «У меня уже был такой опыт: я автоматизировал процессы работы в логистике».
   «Чем завершилась эта работа?»
2. Переговоры.
   «У нас есть определенные сложности при оформлении документов с вашим отделом клиентского сервиса».
   «Я воздействую на них».
   «Уточните, когда можно ожидать таких-то изменений к лучшему?»
3. В быту.
   «Извини, я использовала твой крем».
   «Весь или еще осталось?»

# Лингвотерапия в действии

*Наше «я» выдает слова и формулировки, которые свидетельствуют о нашем отношении к ситуации, моделях поведения, истинности намерений, уверенности в себе и многом другом. Давайте зададимся вопросом: а есть ли обратное влияние — можно ли изменить, например, модель поведения, изменив свою речь?*

Многие замечают, что, будучи в плохом настроении, можно *отчасти* (это слово указывает на следующую пропозицию: то есть все-таки не полностью) улучшить его, улыбнувшись, приняв открытую позу. Поза «боевого настроя» позволяет подготовиться к сложной ситуации. Несколько лет назад был описан такой психологический эксперимент: две группы студентов в течение часа слушали одну и ту же лекцию. Экспериментальной группе было предложено принять закрытую позу (руки на парте, как в школе) и находиться в ней в течение всей лекции. Контрольная группа сидела в свободных позах. После лекции было проведено два замера: субъективная оценка материала лекции (интересно — неинтересно) и объективный тест на усвоение материала. Так вот, в группе, которая сидела в свободных позах, оба показателя были выше. Этот факт свидетельствует о влиянии невербальных проявлений на состояние человека.

Давайте рассмотрим подобный подход и в отношении нашей речи.

Не раз руководители, участвующие в моих тренингах, рассказывали о том, что лично у них или в компании в целом есть запрещенные и рекомендуемые слова и формулировки. Например:

| Исключить формулировки | Рекомендовать вместо них |
|---|---|
| Попробую сделать | Сделаю |
| Проблема | Задача |
| Недостатки (человека) | Зоны развития |
| Если у меня получится | Когда я это сделаю |
| Постараюсь | Сделаю |
| Будет сделано | Я сделаю (Вася сделает) |
| Я делал, я старался | Признаю свою ошибку, ищу путь исправления |
| Сложная ситуация. Что делать? (*Вопрос адресован руководителю*) | Сложная ситуация, и я предлагаю… |

Давайте назовем такой подход *лингвотерапией*, то есть позитивным влиянием на мотивацию и модели поведения человека с помощью выбора более оптимальных слов.

Как использовать лингвотерапию? Мы можем применять этот подход для формирования определенного образа мысли и моделей поведения у своих подчиненных, как уже рассказали, и создать подобный список для своей компании. Мы точно так же можем работать над собой, создавая инструменты самомотивации и формируя более продуктивные и полезные модели поведения.

Наше подсознание почему-то не любит, когда мы не совсем откровенны. В детстве некоторые скрещивали пальцы, говоря неправду. А наше подсознание выдает неправду определенными словами, которые появляются в речи. И наоборот: используя такие слова, мы подсознательно даем себе возможность отступить. «Я попробую» (но ведь не обещаю, что получится), «если получится» (и я заранее даю себе право не добиться результата). Выбирая же формулировки «я сделаю», «когда у меня это получится», я беру на себя обязательства и программирую на успех.

Если же говорить о себе, самомотивации и саморазвитии, то первое, что стоит сделать, — это понять, как часто, когда именно и какие «вредные» слова появляются в вашей речи. А затем медленно и настойчиво заменять их на позитивные.

Расскажу историю из своего опыта. Во второй половине 1990-х, когда я только начинала работать в качестве бизнес-тренера и изучала влияние слов на взаимодействие с клиентами, я поняла, что слишком часто употребляю слово «проблема». И я стала четко контролировать себя, в зависимости от контекста заменяя это слово на формулировку «возникла ситуация», «есть сложная задача», «есть вопрос, который срочно надо решить». Через некоторое время это вошло в привычку, а еще чуть позже я поняла, что стала действительно гораздо реже воспринимать ситуацию в стиле «все пропало, гипс снимают, клиент уезжает», больше концентрируясь на вариантах решения.

Кстати, если вы заинтересовались лингвотерапией для себя лично, а не только для своих сотрудников, то очень полезно и с видеокамерой поработать: снимать себя, когда вы, например, рассуждаете на какие-то темы или рассказываете о сложной ситуации на работе.

## И снова о стремлении и избегании

*«Я не упаду, я не упаду», — думает человек, идя по узкой досточке, и… падает.*

Если в своих мыслях и словах мы постоянно используем формулировки избегания (то есть отрицания), то тем самым программируем себя на неудачу. Есть весьма известная шутка: людей просят ни в коем случае не думать о рыжей обезьяне. И они просто не могут о ней не думать! «Не думай о неудаче», «Он не сможет мне отказать», «Я не ошибусь», — говорим мы себе, задавая тем самым провальный сценарий.

Формируя позитивные сценарии, мы программируем себя и других на успех. Используя позитивные формулировки, мы создаем лучшее впечатление о себе. Побуждая сотрудников использовать такие формулировки в переговорах с клиентами, мы способствуем более эффективному убеждению.

Когда-то я преподавала русский язык иностранцам. Было несколько вещей, которые им было просто невозможно объяснить: как правильно выбирать обращение «ты» или «вы», имя или имя и отчество), что такое коммунальная квартира и… почему мы говорим что-нибудь такое: «Не могу не сказать» — или спрашиваем: «У вас хлеба нет?» Действительно, ведь если задуматься, то двойное отрицание кажется абсурдным. Равно как и то, почему мы, желая что-то получить, спрашиваем, по сути, об отсутствии этого самого: «Ты не закроешь окно?» — вместо просьбы «Закрой, пожалуйста, окно».

Первый шаг, который стоит сделать, — это понять, как часто мы сами и наши сотрудники употребляем формулировки избегания — то есть отрицания без прямой необходимости. Поясню про необходимость. Если я хочу сообщить об отсутствии чего-то у себя или о нежелании что-либо делать, то выбор отрицательной формулировки становится необходимостью. Если же сообщение или вопрос по сути положительные, то и использовать стоит позитивные формулировки.

Следующим шагом лингвотерапии станет составление списка «замен». Например:

| Было | Стало |
|---|---|
| Не так ли? | Ведь так? |
| Не могли бы вы …? | Вы могли бы …? |
| Мы не срываем сроки | Мы соблюдаем сроки |
| Я не ошибусь | Я все сделаю правильно |

Что касается работы над своей речью, то очень полезно попросить кого-то контролировать вас и останавливать при употреблении формулировок избегания. Еще одним способом может стать запись своего рассказа на любую тему (на несколько минут) и последующий анализ. Желательно, чтобы рассказ касался прогнозирования будущего, тогда вероятность дифференциации стремления и избегания выше, и само упражнение за счет этого будет полезнее. После нескольких таких тренировок вы сможете сами себя контролировать и заменить слова избегания формулировками стремления.

Если говорить о работе с сотрудниками, то я бы сначала объяснила им, что такое лингвотерапия, зачем она нужна, как поможет им в работе и жизни. Можно сделать из такого мероприятия небольшой корпоратив: сначала разъяснения и примеры от руководителя, а потом соревнование по командам. Например, кто сможет заменить позитивными наиболее часто встречающиеся формулировки избегания. Хорошо, если кто-то будет вести записи. Потом создаем маленький «словарик», который раздаем всем сотрудникам. По своему опыту знаю, что внедрению позитивных формулировок вместо негативных (так же, как и избавлению от слов-паразитов) помогает взаимоконтроль сотрудников. Например, Петров и Сидоров должны следить друг за другом и останавливать при появлении формулировок избегания. А для усиления драйва и позитива можно даже организовать соревнование: кто быстрее станет использовать исключительно формулировки стремления.

Да, не просто избавиться от стереотипов, в том числе и речевых. Но изменение мировоззрения, появление позитивной направленности может повернуть к успеху и всю вашу жизнь.

## Буду делать и сделаю

*Достичь цели или «утонуть» в процессе?*

Поговорим о такой паре, как *буду делать* и *сделаю*. Как вы помните, эти слова указывают на процесс — результат. Заменяя *буду делать* на *сделаю*, можно изменить не только речь, но и собственные установки. Когда мы говорим о своих будущих действиях, используя несовершенный вид глагола (*буду делать*), мы тем самым упускаем шанс запрограммировать себя (и других) на достижение результата.

В данном случае лингвотерапию можно использовать как для себя, так и для своих сотрудников. У меня, например, очень четкая установка по отношению к подчиненным: «Мне не важно, что ты делал, мне важно, что ты сделал». И я всегда именно так реагирую на пассажи типа «я учил» (если провести параллель со школой). Имеет смысл приучить своих сотрудников говорить, что они *сделают*, а не *будут делать*, что они *сделали*, а не что они *делали*. Говоря о будущем: «Я сделаю», сотрудник подсознательно берет на себя обязательство довести дело до конца. Когда человек знает, что он должен говорить только о том, что *сделал*, а не *делал*, то у него пропадает искушение создавать иллюзию бурной деятельности вместо реальных дел. Перевод из парадигмы процесса в парадигму результата позволит сэкономить время при работе с подчиненными: они будут сразу говорить о результатах вместо того, чтобы загружать вас информацией о процессах.

## Безличные конструкции

*В русском языке имеется огромное количество безличных конструкций. «Это будет сделано», «Задание выполняется» и т. п. Данная речевая модель способствует формированию стереотипа ухода от ответственности.*

Уже не останавливаясь на принципах лингвотерапии, давайте обратим внимание на использование в речи безличных конструкций. Они формируют модель ухода от ответственности. В то же время, заменяя их на личные формулировки (вместо «Это будет сделано» — «Я это сделаю» или «Мы это сделаем»), мы будто даем обязательство — и тем самым берем ответственность на себя. Как и в остальных случаях, стоит проанализировать свою речь и, если для вас характерны такие формулировки, максимально контролировать себя и избавиться от них. То же самое стоит сделать в отношении своих подчиненных.

### Условные формулировки

*Если бы, да кабы, да во рту росли грибы, то был бы не рот, а целый огород.*

Русская народная поговорка

Союз *если* может быть использован для установления причинно-следственных связей («Если температура достигает ста градусов, то вода кипит»). Но сейчас нам интересны другие употребления этого слова.

Мы затронем случаи, когда союз *если* закладывает вероятность проигрыша, когда мы заранее думаем о том, что у нас может и не получиться. Психологическая основа здесь примерно такая же, как и в формулировках избегания: боязнь неудачи повышает ее вероятность. Поэтому стоит заменять условные конструкции формулировками уверенности:

| Было | Стало |
|---|---|
| Если у меня это получится | Когда я это сделаю |
| Если клиент согласится… | Мы добьемся согласия клиента и… |

Конечно, я не призываю вас забыть о рисках, но лучше говорить о них прямо, а не использовать условные формулировки. Например: «Мы добьемся согласия клиента. Есть один риск — ценовая политика. Для подстраховки мы подготовим три варианта оплаты, это поможет убедить клиента».

## Как тренироваться самостоятельно

Чтобы научиться качественно и системно находить и анализировать слова и формулировки, указывающие на те или иные пропозиции, необходима тренировка, причем длительная и постоянная. Давайте разберем, какие практические методы позволят вам научиться анализировать речь собеседника и находить в ней подтекст — и делать это не раздумывая, автоматически.

На первом этапе стоит поработать с упражнениями из практикума в этой книге. Выявление пропозиций, определение и анализ ситуативных проявлений метапрограмм легче всего для начала отрабатывать на письменных текстах. Во-первых, в письменном тексте легче найти пропозиции, а во-вторых, можно неоднократно перечитать одни и те же фразы, чтобы наверняка вычленить все важное.

Когда вы будете уверенно находить пропозиции в письменных текстах, стоит переходить к следующему этапу — анализу устной речи. Самый оптимальный вариант — самостоятельная работа, в ходе которой вы записываете свою речь на диктофон или видеокамеру. Важно, чтобы это была импровизация. Предлагаю такой вариант:

1. Заготовьте десять–пятнадцать карточек с темами для кратких рассказов на три–пять минут. Это могут быть абсолютно любые темы, начиная с воспоминаний детства и рассказов о поездках и заканчивая рабочими ситуациями.
2. Включите запись, вслепую достаньте карточку и сразу же начинайте говорить.
3. Закончив рассказ, переходите к анализу записи с точки зрения выявления пропозиций, определения метапрограмм и отклонений от них. Это лучше сделать следующим образом: вы смотрите или слушаете всю запись целиком, делая заметки и фиксируя пропозиции. Затем стоит посмотреть запись еще раз, делая паузы и сверяя свои записи с текстом рассказа.
4. После этого стоит выдвинуть гипотезы о том, на какие пропозиции указывают те или иные формулировки, «лишние» слова и т.д. В качестве бонуса это упражнение дает еще и хороший материал для самоанализа.

Еще один интересный и даже в чем-то забавный вариант тренировки — просмотр художественных фильмов с целью найти в речи героев подтекст. Для этого лучше всего брать русскоязычные, а не переводные фильмы, причем такие, где много диалогов. Желательно, чтобы вы хорошо знали сюжет и не отвлекались от анализа пропозиций. В разделе «Большой практикум» вы найдете несколько диалогов из фильмов с анализом.

Чем хороша тренировка на фильмах, собственных видео- и аудиозаписях? Конечно же, тем, что всегда можно проверить свои выводы, вернувшись к тексту. А к системному анализу живой речи с целью выявления пропозиций стоит обращаться уже после подобной тренировки.

Необходимо помнить, что анализ речи — очень эффективный и надежный способ определения того, «что вы думаете на самом деле», однако он очень сложен. К уровню мастерства приводит только скрупулезная и длительная тренировка. В чем и желаю вам удачи!

# Большой практикум

В этом практикуме собраны задания, которые позволят вам проверить себя, повторить и закрепить материал всей книги. Бо́льшая часть заданий представляет собой записи реальной речи в разных ситуациях, кроме того, представлены записи речи героев некоторых фильмов. Сначала идет задание, а в конце раздела — варианты ответов, с которыми вы можете сверить собственные ответы.

Обратите внимание на то, что вопросы и ответы представляют собой дословную запись устной речи.

## Задания

### Задание 1

Интервью с кандидатом на позицию руководителя секции бухучета (три–пять человек в подчинении). Проанализируйте ответы кандидата: определите формулировки, указывающие на пропозиции, выдвиньте гипотезы о причинах возникновения подтекста, обозначьте, как будете проверять гипотезы.

#### 1.1.

«Ваш коллега, который занимает подобную вашей должность в другом подразделении, систематически подводит вас. Предоставляет необходимую информацию либо не вовремя, либо недостаточного качества. Ваша реакция?»

«Я обращусь к нему с вопросом, по какой причине идет задержка информации. Если причины объективные, я попрошу его наладить сбор информации и ее предоставление. Если же ситуация не изменится, то выйду на высшее руководство».

**1.2.**

«Представьте, что звонит один из партнеров организации и начинает отчитывать вас за ошибку. Она действительно была допущена, но только не вами лично, а сотрудником другого отдела».

«Ну, нужно, безусловно, погасить тот негатив, который исходит с того конца провода, объяснить, что, возможно, и есть проблемы, которые создала наша компания, и попросить отсрочку ответа для того, чтобы выяснить ситуацию».

«Зачем вам брать на себя негатив, если это вообще не ваша вина?»

«Мы работаем в большой компании, и даже если это проблема не лично моя и не моего отдела, то все равно это проблема моей компании. Можно зайти в то подразделение, рассказать о звонке, выяснить, в чем ошибка, но не переходить с клиентом на повышенные тона».

**1.3.**

«Ваш руководитель поручает определенную работу, вы с ней спокойно можете справиться, но вам очевидно, что задание бесполезно. Что будете делать?»

«Я попытаюсь с ним в беседе выяснить конечную цель данной работы, сослаться, что я не понимаю, зачем это нужно: если я не понимаю, я, наверное, плохо выполню эту работу. Попытаюсь еще раз поговорить, наверное, подтекст будет о целесообразности, но, наверное, будут произнесены другие слова, и, исходя из полученного ответа, наверное, что-то будет сделано. Может быть, частично, может быть, не полностью, работа будет выполнена».

### 1.4.

«Через два дня крайний срок сдачи отчетности. Вам звонит из больницы подчиненная — аппендицит. Не сдать отчет вы не можете. Что будете делать?»

«Всю ту работу, которая возлагалась на эту работницу, я распределю по другим подчиненным».

«Есть нюанс. В вашем подчинении бухгалтеры, которые имеют квалификацию и опыт работы только на одном участке».

«Все равно я делегирую сотрудникам ее функции. Безусловно, сама подключусь».

«Но они не квалифицированы. Они не смогут сделать эту работу…»

«Пусть попробуют, начнут».

«У вас два дня…»

«За правильность отчета буду отвечать я и на каждом этапе буду контролировать их работу».

## Задание 2

Проанализируйте ответы кандидатов на вопросы: определите формулировки, указывающие на пропозиции, выдвиньте гипотезы о причинах возникновения подтекста, обозначьте, как будете проверять гипотезы.

### 2.1.

«Почему некоторые умеют подчиняться, а некоторые нет?»

«Мне кажется, что одни более, скажем так, амбициозны. Но а вообще зависит от цели — хочет человек быть лидером или нет».

«Ну хорошо, почему, если человек лидер, он тоже подчиняется?»

«Просто, может быть, в какой-то степени он вынужден к этому обстоятельствами. Хотя пытаешься всегда сделать самостоятельно, если есть своя четкая точка зрения».

«Руководитель ставит задачу, которую вам не хотелось бы выполнять. Например, задача монотонная».

«Ну что, придется делать, буду вынуждена подчиниться. Если я считаю, что задача идет вразрез с целями и обязательствами по отношению к компании, может привести к проблемам организации, то попытаюсь обсудить, постараюсь убедить руководителя в этом».

## 2.2.

«Чем человек руководствуется при выборе работы?»

«Важна стабильность, близость к дому, возможные перспективы, для большинства важен доход».

«Назовите три плюса и три минуса работы в крупной компании».

«Плюсы — это стабильность, возможность развиваться, наращивание полезных связей, ну и, наверное, престиж. А минусы — это жесткая регламентация, ну там, возможно, затрудненные коммуникации».

«Почему некоторые спокойно относятся к изменениям в компании, а некоторые нет?»

«Потому что одни настроены на позитив, а другие на негатив».

«Из-за чего человек может уволиться?»

«Например, предложили больше зарплату или ближе к дому. Ну, может быть, неустраивающий коллектив».

## 2.3.

«Как бы вы прокомментировали тезис, что инициатива наказуема?»

«К сожалению, в моем случае это очень актуальный вопрос. Сейчас я действительно задумываюсь над тем, стоит ли всегда проявлять инициативу».

«Почему одни хотят каких-то изменений, а другие не хотят?»

«Для меня все-таки предпочтительным остается что-то изменять, вносить какие-то идеи».

«Представьте себе, что вам поручили разработку нового проекта. Как вы поступите?»

«Во-первых, я четко сформулирую техническое задание проекта. Во-вторых, я презентую его заказчику, спланирую по времени и приступлю к реализации. Если проект я веду с командой, то сформирую команду и затем уже буду работать с командой, постоянно отслеживая по контрольным точкам соблюдение бюджета, срока и задач проекта».

## 2.4.

«Вы получаете от руководителя задание, которое объективно не сможете выполнить до окончания рабочего дня. Как вы отреагируете?»

«Надо объяснить, найти объективные причины для руководителя, попробовать их до него донести. Если для него недостаточно этих объективных причин, не остается других вариантов, кроме как выполнять задание после работы».

«Каковы плюсы и минусы авторитарного руководителя?»

«Плюсы — всегда четко и ясно сформулированные задачи, ты можешь себя постоянно контролировать в отношении выполнения этих задач, и высокие результаты. Минус, пожалуй, что не всегда есть возможность высказать свое мнение. Ну и, наверное, иногда слишком большое напряжение».

«Каковы плюсы и минусы работы в условиях многозадачности?»

«Это всегда интересно, отсутствует однообразие, всегда можно расставлять приоритеты. Минус — есть вероятность неправильной расстановки приоритетов, ну и риск не справиться в полном объеме в отведенное время с тем качеством, которого бы хотелось».

## 2.5.

«Были ли конфликтные ситуации в коллективе, которым вы руководили?»

«Коллектив был большой и женский, соответственно, в женском коллективе конфликты неизбежны. Я гасила их на месте, так что даже сплетен не было».

## 2.6.

«Были ли конфликты в коллективе, которым вы руководили?»

«Коллектив был женским, но и в женском коллективе можно предотвращать конфликты».

## 2.7.

«Ваш коллега, руководитель другого подразделения, на общем совещании в жесткой форме (на повышенных тонах) говорит вам об ошибке вашего подчиненного. Ваша реакция?»

«Я попрошу коллегу успокоиться и предложу обсудить это тет-а-тет после совещания».

«И, соответственно, что вы будете делать после совещания?»

«Ну выясню, соответственно, зачем он так поступил, и потом скажу свое мнение об этом, предоставлю обратную связь».

«Почему некоторые идут на конфликт, а другие стремятся его сгладить?»

«Как мне кажется, это личная особенность, своего рода константа характера человека. Кто-то боится, кто-то нет. Стоит бояться, когда результатом конфликта может быть негативное развитие ситуации для компании. Тогда стоит конфликт изначально предотвращать. Если же конфликт может привести к конструктиву, то его стоит анонсировать и решать».

## 2.8.

«Три плюса и минуса работы с людьми?»

«Плюсы — это общение, это новая информация. Минус то, что иногда бывает негатив или стресс».

«Что значит "хороший руководитель"?»

«Четко ставит задачи, адекватно оценивает, понимающе относится иногда к каким-то личным моментам».

«Почему одним нравится работать с документами, а другим нет?»

«Кому-то, может быть, нравится ковыряться, возиться с документами».

**2.9.**

«Как вы считаете, зачем люди делают карьеру?»

«Какую вы имеете в виду карьеру — горизонтальную или вертикальную?»

**2.10.**

«Что побуждает более эффективно работать и добиваться результатов?»

«Конечно, зарплата и премиальная часть. Если от выполнения плана зависит премия, то каждый старается выполнить план и перевыполнить».

## Задание 3

В ходе тренинга роль охранника на пульте пытается сыграть человек с более высоким уровнем образования и развития, чем это свойственно обычным охранникам. Найдите явные противоречия в его ответе и поясните, с чем они, с вашей точки зрения, связаны.

«Три плюса, три минуса работы охранником?»

«Стабильность, наверное, меньше общения, меньше стрессов. Минус — зрение портится».

«Что побуждает эффективнее работать?»

«Интересная работа, хороший коллектив, общение с людьми, возможность развития».

«Что значит "интересная работа"?»

«Куда идешь с удовольствием, день пролетает».

«Вы видите, что сотрудник наносит ущерб компании, но неосознанно, а по небрежности. Как вы поступите?»

«Доложу об этом руководителю этого сотрудника, потому что его задача — разбираться с этой ситуацией».

«Руководитель высокого уровня забыл в офисе ноутбук. Вы уже уехали и закрыли офис. Он просит вас приехать и открыть ему офис».

«Если очень надо, то что делать?! Открою».

## Задание 4

Ситуация: подчиненному поставили задачу удаленно — по электронной почте. Затем происходит разговор с руководителем по телефону. Определите формулировки, указывающие на пропозиции. С чем связано появление подтекста? Что вы порекомендуете сотруднику в данной ситуации?

Руководитель: «Вы получили задание. Ну и сейчас я готова была бы даже выслушать вашу позицию. Как вы видите, возможно, есть какие-то варианты решения другим способом. Задача действительно очень амбициозная. Если вы ее выполните, то можете получить реальное повышение — я вас повышу до руководителя округа. Надеюсь, что задача будет выполнена. Теперь я готова выслушать ваши предложения и идеи».

## Задание 5

Ситуация: подчиненному поставили задачу удаленно — по электронной почте. Затем происходит разговор с руководителем по телефону. Определите формулировки, указывающие на пропозиции. С чем связано появление подтекста? Что вы порекомендуете сотруднику в данной ситуации?

### 5.1.

Из фильма «Служебный роман».

«Людмила Прокофьевна Калугина — директор нашего статистического учреждения. Она знает дело, которым руководит, — такое тоже бывает. Людмила Прокофьевна приходит на службу раньше всех, а уходит позже всех, из чего понятно, что она, увы, не замужем. Мы называем ее "наша мымра" — конечно, за глаза».

### 5.2.

Из сериала «Кухня».

«А он мне и говорит: "Иди-ка ты, Максимка, на все четыре стороны". Друг бы так не поступил».

«Ну да. И маму твою не стал бы настраивать против тебя».

«Какую маму?»

«Мою маму».

«А чего, Костян знает твою маму?»

«Шеф знает».

«Шеф-то понятно! Но козел-то Костян».

«Оказывается, не только он».

## Задание 6

Проанализируйте переговоры между производителем (Иваном) и потенциальным дилером (Елизаветой) с точки зрения пропозиций и ответьте на вопросы: кто более уверенно чувствует себя в данной ситуации? В какой части переговоров снижается уровень уверенности Ивана? С чем это может быть связано и как могла бы это использовать Елизавета? В какой момент переговоров у Елизаветы повышается степень уверенности? С чем это связано?

«Очень приятно, меня зовут Иван. Мы с вами уже общались по телефону и вот наконец-то встретились лично. Скажите, пожалуйста, Елизавета, что для вас наиболее важно при выборе поставщика?»

«Добрый день, Иван. При выборе поставщика мне важно, чтобы это был… Вы видели, чем я торгую. Торгую я корпусной мебелью, хотела бы расширить свой ассортимент, потому что люди приходят, спрашивают про мягкую мебель, и мне хочется увеличить свой оборот, свои доходы повысить. Так как вы знаете, что площадь у меня небольшая, корпусной мебелью я торгую недорогих фабрик, и, соответственно, у меня такой сегмент покупателей ценового уровня — это класс эконом, максимум — класс комфорт. То есть мне надо, чтобы это было недорого. Так как у меня маленькие площади, мне нужен оборот, чтобы у меня модели… Ну не могу я себе позволить поставить много моделей в своем магазине, но чтобы мне это приносило прибыль».

«Так, Елизавета, если я вас правильно понимаю, то первоочередным для вас является повышение дохода. В дальнейшем, чтобы это все было недорого, в итоге вы должны повысить оборот».

«Ну да, в общем-то, что у меня спрашивают мои покупатели, которые ко мне приходят — интересуются такой недорогой мебелью».

«Хорошо. Вот смотрите, у нас на данный момент существуют модели экономкласса, которые, в принципе, соответствуют вашим ожиданиям. Моя цель — не поставить вам большие объемы, а сделать именно так, чтобы мы с вами в дальнейшем смогли сотрудничать, то есть первоочередно я хотел бы предложить вам поставить несколько моделей на вашу площадь, которые увеличили бы оборот с квадратного метра. Вот смотрите, к примеру, у нас есть ряд моделей, которые идут даже, так скажем, вне сезона. То есть смотрите, допустим, это такие модели, как "МК", "Виктория" и "Венеция 9". Что касается "Венеции 9", она разработана, скажем так, дизайн данной модели разработан в советской компании "Стэл", то есть, естественно, достаточно такая солидная модель…»

«Ну, наверное, она очень дорогая? У меня покупатель сможет ее купить?»

«Знаете, я считаю, что если человек заходит к вам купить корпусную мебель и если он ориентирован на какую-то реальную покупку, то есть если он берет на достаточно солидную сумму корпусную мебель, то я думаю, что его это, в принципе, заинтересует. Понимаете, сумма данных моделей, в принципе, обойдется вам в 60 000 рублей. То есть три эти модели соответственно, "МК", "Виктория" и "Венеция". Что касается "Венеции", как я вам уже говорил, она разработана в стэловской компании, то есть такие диваны стоят в других магазинах по 150 000. То есть фактически вы здесь выигрываете достаточно солидную сумму, то есть, затрачивая 60% по цене, вы выигрываете порядка 160 000–170 000 рублей».

«Понятно. Я боюсь тратить свои деньги… А на реализацию дадите? Ну боюсь я, вы понимаете, сейчас вкладывать деньги.

Так как у меня несколько магазинов, но они у меня небольшие, как бы все деньги у меня в работе. Деньги должны работать, они не должны лежать, не должны стоять, занимать площадь». (*Примечание: имеется в виду, что не должна стоять мебель, в которую вложены деньги, при этом непонятно, продастся ли она.*)

«Да, я с вами согласен. Понимаете, дело в том, что мы не работаем на реализацию, зато у нас достаточно солидные скидки от объемов, то есть это раз. А во-вторых, что касается реализации — у нас определенные ценности, именно у нашей фирмы, в нашей компании, и с вами нам выгодней сотрудничать, в общем-то, на долгосрочной основе, избегая вот этих вот проблем, которые возникают при реализации».

«Ну а вообще, в чем выгода-то моя? С другими фабриками я уже провела свои исследования, то есть, в принципе, то, что вы мне предлагаете диваны, есть похожие диваны у других фабрик, но, при всем при этом, они могут мне их дать на реализацию. Почему у вас я эти же диваны должна взять по 100%-ной предоплате?»

«Извините, Елизавета, я вот вам задам вопрос. Вот вы сказали про другие фабрики. Скажите, ценовой сегмент этих фабрик совпадает именно с нашим?»

«Ну совпадает, совпадает. Я с такими фабриками, которые совпадает».

«То есть, в принципе, цены одинаковые?»

«Да. Скажем так, это, допустим, касается класса эконом, там какая-нибудь винтажка, евроэконом. Ну да, я хочу это себе поставить, да».

«Ага. Вы понимаете, Елизавета, во-первых, мы, скажем так...»

*Потенциальная клиентка перебивает Ивана*:

«Хорошо, Иван, вы мне скажите ваши преимущества, скажем так, перед другими фабриками, почему я не захочу брать у них на реализацию, а захочу купить у вас диван по 100%-ной предоплате и поставить его на свою маленькую площадь».

«Ну, во-первых, что касается преимуществ, у нас минимизирован, скажем так, срок изготовления, то есть срок изготовления продукции составляет около 14 дней. То есть от 14 дней до 21 дня, что фактически сокращает период заморозки вами денег. Далее по доставкам. Вы территориально далеко находитесь?»

«Все нормально, мы близко находимся».

«В дальнейшем, после первой поставки диванов, к вам выезжает ваш личный менеджер, уже прикрепленный непосредственно к вам, он общается уже с вашими менеджерами, делится с ними опытом. И следующее — это скидки от объемов».

«Да, все замечательно, все красиво, понятно. Вот, скажите мне, я не знаю мягкую мебель, всю жизнь работаю с корпусной, это что-то такое новое… А вот, например, что-то сломалось? Вообще, как бы, по общению с людьми я знаю, что тяжело решать такие вопросы, то есть устранять какие-то дефекты».

«Да, согласен. Что касается рекламации, у нас это решается очень быстро. Если такие вопросы возникают, в тот же день к вам выезжает наш менеджер, и либо мы забираем ваш диван, либо менеджер решает эти вопросы у нас — или на вашей площади».

«То есть вы хотите сказать, что вы забираете у меня диван и у меня опять стоит место пустое, а деньги вложены?»

«Да, то есть три-четыре дня — и все эти вопросы мы решим».

«А могу я получить взамен этого дивана другой?»

«Безусловно».

«То есть чтобы у меня площадь не стояла, не пустовала?»

«Конечно».

«Я согласна на эти условия».

# Варианты ответов

## Задание 1

Интервью с кандидатом на позицию руководителя секции бухучета (три–пять человек в подчинении). Проанализируйте ответы кандидата: определите формулировки, указывающие на пропозиции, выдвиньте гипотезы о причинах возникновения подтекста, обозначьте, как будете проверять гипотезы.

**1.1.**

«Ваш коллега, который занимает подобную вашей должность в другом подразделении, систематически подводит вас. Предоставляет необходимую информацию либо не вовремя, либо недостаточного качества. Ваша реакция?»

«Я *обращусь* к нему с вопросом, по какой причине идет задержка информации. *Если причины объективные*, я *попрошу* его наладить сбор информации и ее предоставление. Если же ситуация не изменится, то *выйду* на высшее руководство».

Используются активные формы глагола первого лица, то есть кандидат уверен в своих действиях. Формулировка «если причины объективные» указывает на подтекст — стоит узнать, что именно кандидат вкладывает в понятие «объективные причины». Необходимо уточнить, как поступит кандидат, если причины, с его точки зрения, не будут объективными.

**1.2.**

«Представьте, что звонит один из партнеров организации и начинает отчитывать вас за ошибку. Она действительно была допущена, но только не вами лично, а сотрудником другого отдела».

«*Ну*, нужно, безусловно, *погасить* тот негатив, который исходит с того конца провода, *объяснить*, что, *возможно*, и есть проблемы, которые создала наша компания, и попросить отсрочку ответа для того, чтобы выяснить ситуацию».

«Зачем вам брать на себя негатив, если это вообще не ваша вина?»

«*Мы работаем* в большой компании, и даже если это проблема не лично моя и не моего отдела, то все равно это проблема моей компании. Можно *зайти* в то подразделение, *рассказать* о звонке, *выяснить*, в чем ошибка, *но не переходить* с клиентом на повышенные тона».

В первой части ответа есть «лишние» слова («ну», «возможно»), а вместо активных глаголов первого лица появляется форма отстраненности. Мы можем выдвинуть две гипотезы: либо у кандидата нет нужного опыта и навыков, либо он испытывает явный дискомфорт и не желает оказываться в подобных ситуациях. Следует понять, какая из гипотез верна: уточните прошлый опыт, оцените с помощью кейса (практического задания) навыки, а также проверьте отношение к данной ситуации с помощью метода «три плюса и три минуса»[1].

Лояльность к компании с большой вероятностью подтверждается формулировкой «мы работаем», а вот разрешать конфликты с коллегами кандидат либо не умеет, либо не хочет (аналогично предыдущему пункту).

**1.3.**

«Ваш руководитель поручает определенную работу, вы с ней спокойно можете справиться, но вам очевидно, что задание бесполезно. Что будете делать?»

«Я *попытаюсь* с ним в беседе *выяснить* конечную цель данной работы, *сослаться*, что я не понимаю, зачем это нужно: если я не понимаю, я, *наверное*, плохо выполню эту работу. *Попытаюсь еще раз поговорить, наверное*, подтекст будет о целесообразности, но, *наверное, будут произнесены* другие слова, и, исходя из полученного ответа, *наверное, что-то будет сделано. Может быть, частично, может быть, не полностью, работа будет выполнена*».

Дважды повторяющееся «попытаюсь» указывает на неуверенность. Слова отстраненности говорят нам о том, что ситуация дискуссии с руководителем дискомфортна для кандидата. Это может быть связано как с реальным негативным опытом (был чрезмерно жесткий, авторитарный руководитель), так и с качествами кандидата — неуправляемость либо страх пе-

[1] Подробнее о кейсах и методе «три плюса и три минуса» см.: Иванова С. Искусство подбора персонала. Как оценить человека за час. — М.: Альпина Паблишер, 2014. — *Прим. ред.*

ред руководителем. Проверить это можно, задав вопрос о прошлом опыте («Приведите примеры руководителей из своего опыта, с которыми было реально вести дискуссию и нереально. Почему?»), а также сопоставив ответ на этот кейс с другими (нужно оценить общую уверенность и амбициозность кандидата).

Формулировка «что-то будет сделано» и дальнейшие слова говорят о том, что в подобной ситуации работа не будет сделана качественно. Главное для нас в этом случае — понять, насколько вероятны такие ситуации (исходя из уточнений по первой части ответа), а также выяснить, насколько кандидат склонен действовать исподтишка.

**1.4.**

«Через два дня крайний срок сдачи отчетности. Вам звонит из больницы подчиненная — аппендицит. Не сдать отчет вы не можете. Что будете делать?»

«Всю ту работу, которая возлагалась на эту работницу, я *распределю* по другим подчиненным».

«Есть нюанс. В вашем подчинении бухгалтеры, которые имеют квалификацию и опыт работы только на одном участке».

«Все равно я *делегирую* сотрудникам ее функции. Безусловно, сама *подключусь*».

«Но они не квалифицированы. Они не смогут сделать эту работу...»

«Пусть *попробуют, начнут*».

«У вас два дня...»

«За правильность отчета *буду отвечать* я и на каждом этапе *буду контролировать* их работу».

Говоря о своих действиях, кандидат чувствует абсолютную уверенность (выражается в активных глагольных формах — «делегирую», «подключусь») и даже после провокаций со стороны интервьюера жестко отстаивает свою позицию. Такое поведение говорит о некоторой негибкости (ее степень в дальнейшем необходимо уточнить): изначально не была задана невозможность делегирования другим подчиненным, затем условия изменились, ответ перестал быть логичным, однако кандидат продолжает его отстаивать. Некоторая неуверенность появляется в описании возможных действий подчиненных («пусть попробуют»), то есть кандидат уже не уверен, что сотрудники действительно смогут справиться, однако упрямо настаивает на своей первоначальной идее. Необходимо уточнить, типична ли такая модель поведения для кандидата или это результат стресса на интервью. Сделать это можно, применив метод «три плюса и три минуса» или расспросив о предыдущем опыте.

## Задание 2

Проанализируйте ответы кандидатов на вопросы: определите формулировки, указывающие на пропозиции, выдвиньте гипотезы о причинах возникновения подтекста, обозначьте, как будете проверять гипотезы.

### 2.1.

«Почему некоторые умеют подчиняться, а некоторые нет?»

«Мне кажется, что одни более, *скажем так*, амбициозны. *Но а вообще*, зависит от цели — хочет человек быть лидером или нет».

«Лишние» слова указывают на подтекст: кандидат несколько не уверен в ответе или чувствует дискомфорт при обсуждении данной темы. Из следующих ответов становится понятно, какая гипотеза верна. Если бы на этом пример заканчивался, необходимо было бы задать дополнительные вопросы.

«Ну хорошо, почему, если человек лидер, он тоже подчиняется?»

«*Просто, может быть, в какой-то степени* он *вынужден* к этому обстоятельствами. Хотя *пытаешься* всегда сделать самостоятельно, *если* есть своя четкая точка зрения».

Выделенные слова указывают на неуверенность, что свидетельствует о дискомфорте кандидата при обсуждении данной темы. Это подтверждается словом «вынужден», выражающим явно отрицательные эмоции (пропозиция: кандидату не нравится, когда его к чему-то вынуждают). Слово «пытаешься» говорит о неуверенности кандидата в том, что он способен убедить руководителя; причину этого надо выяснить.

«Руководитель ставит задачу, которую вам не хотелось бы выполнять. Например, задача монотонная».

«*Ну что, придется* делать, *буду вынуждена подчиниться*. Если я считаю, что задача идет вразрез с целями и обязательствами по отношению к компании, может привести к проблемам организации, *то попытаюсь* обсудить, *постараюсь* убедить руководителя в этом».

Пропозиции во второй части ответа очень четко подтверждают гипотезы, сделанные при анализе первой части. В данном случае мы наблюдаем, как ответы повторяются, подтверждая друг друга. Кандидату действительно дискомфортно обсуждение этой темы, и он не уверен, что способен переубедить руководителя.

**2.2.**

«Чем человек руководствуется при выборе работы?»

«Важна стабильность, близость к дому, возможные перспективы, *для большинства* важен доход».

Формулировка «для большинства» указывает на следующую пропозицию: либо человек себя к этому большинству относит, либо он от него дистанцируется. Именно это нужно выяснить (но не сразу, а лучше через некоторое время), задав, например, такой вопрос: «Как вы считаете, если для человека важен доход при выборе работы, это хорошо или плохо его характеризует?» Если кандидат ответит, что хорошо или хотя бы нормально, значит, он себя к этому большинству относит. Если же он каким-то образом осудит тех, кто ориентируется на доход, то это не про него. Пример осуждения: «На доход ориентируются в основном люди с невысоким уровнем развития, для которых неважна самореализация, которые работают только для обеспечения своих базовых потребностей».

«Назовите три плюса и три минуса работы в крупной компании».

«Плюсы — это стабильность, возможность развиваться, наращивание полезных связей, *ну и, наверное, престиж*. А минусы — это жесткая регламентация, *ну там, возможно, затрудненные коммуникации*».

Выделенные слова указывают на неуверенность (как в последнем названном плюсе, так и в последнем названном минусе). Следовательно, и то и другое не будет для кандидата значимо, и мы спокойно исключаем эти два фактора из анализа мотивации и предпочтений кандидата.

«Почему некоторые спокойно относятся к изменениям в компании, а некоторые нет?»

«Потому что одни настроены на позитив, а другие на негатив».

«Из-за чего человек может уволиться?»

«Например, предложили больше зарплату или ближе к дому. *Ну, может быть,* неустраивающий коллектив».

Из ответа очевидно, что себя кандидат все-таки относит к тому самому большинству, для которого важен уровень дохода. Кроме того, для него имеет значение близость к дому (заметьте: он говорит об этом уже не в первый раз). Ответ про коллектив характеризуется неуверенностью (на это указывают «лишние» слова), и, значит, данный фактор имеет меньшее значение для человека.

Стоит также обратить внимание на то, что в ответах доминирует стремление, а не избегание: кандидат называет два фактора, которые, по сути, говорят не о том, почему человек хочет *уйти отсюда*, а почему он хочет *прийти туда*. И только третий фактор (и то — в сочетании с пропозицией неуверенности) свидетельствует о том, что может не устраивать на новом месте работы.

### 2.3.

«Как бы вы прокомментировали тезис, что инициатива наказуема?»

«*К сожалению, в моем случае* это очень актуальный вопрос. *Сейчас я действительно* задумываюсь над тем, стоит ли *всегда* проявлять инициативу».

Вопрос для кандидата крайне болезненный и актуальный. Об этом говорят пропозиция сожаления и концентрация не на общем рассуждении (к чему призывал вопрос), а на себе. «*Сейчас я действительно* задумываюсь...» — значит, ранее не задумывалась. Для понимания ситуации необходимо уточнить, что произошло, что изменилось. Тем не менее, несмотря на какой-то негативный опыт, кандидат все-таки будет порой проявлять инициативу, о чем нам говорит слово «всегда».

«Почему одни хотят каких-то изменений, а другие не хотят?»

«Для меня *все-таки* предпочтительным остается что-то изменять, вносить *какие-то* идеи».

Выделенные в этом ответе слова подтверждают, что есть негативный опыт и *некие* сомнения, но кандидат будет проявлять *какую-то* инициативу. Стоит задать вопросы о прошлом опыте, а также понять масштаб проявления (или ограничений проявления) инициативы.

«Представьте себе, что вам поручили разработку нового проекта. Как вы поступите?»

«Во-первых, я четко *сформулирую* техническое задание проекта. Во-вторых, я *презентую* его заказчику, *спланирую* по времени и *приступлю* к реализации. Если проект я веду с командой, то *сформирую* команду и затем уже *буду работать* с командой, постоянно отслеживая по контрольным точкам соблюдение бюджета, срока и задач проекта».

Вспомним о калибровке. В ответе на этот вопрос (в отличие от всех предыдущих) нет никаких свидетельств неуверенности. Кандидат использует активные глаголы первого лица («сформулирую», «презентую», «спланирую»). Если бы мы и здесь обнаружили пропозицию неуверенности, то можно было бы предположить, что это просто особенность человека. Но мы видим, что модель неуверенности не постоянна, а проявляется лишь в определенных ситуациях.

**2.4.**

«Вы получаете от руководителя задание, которое объективно не сможете выполнить до окончания рабочего дня. Как вы отреагируете?»

«*Надо объяснить, найти* объективные причины для руководителя, *попробовать* их до него *донести*. Если для него недостаточно этих объективных причин, *не остается других вариантов*, кроме как выполнять задание после работы».

Отстраненность (на нее указывают безличные формы глаголов) свидетельствует о том, что человек неуверенно себя чувствует при необходимости говорить руководителю «неприятные вещи» (типа невозможности выполнить работу в срок). Это может быть как проявлением общей неуверенности в себе, боязни получить негатив, так и печальным опытом: руководитель крайне негативно реагировал на любое сомнение со стороны сотрудника.

«Не остается других вариантов» — выраженно пессимистически-негативное отношение человека к обсуждаемому варианту развития событий. Это говорит о том, что для кандидата необходимость задерживаться после работы — демотивирующий фактор. Наша задача — выяснить, с чем это связано и насколько критично, в том числе и по времени переработок и по их частотности. А вот то, с чем это связано, может также свидетельствовать и об отношении человека к работе в целом: если это объективные причины (транспорт, семейные обстоятельства), то это ничего не говорит об отношении к работе, а вот если никаких объективных причин нет, а человек все равно не готов иногда задержаться, то это уже вопрос его потенциальной лояльности и отношения к делу.

«Каковы плюсы и минусы авторитарного руководителя?»

«Плюсы — всегда четко и ясно сформулированные задачи, ты можешь себя постоянно контролировать в отношении выполнения этих задач, и высокие результаты. Минус, *пожалуй*, что не всегда есть возможность высказать свое мнение. Ну и, *наверное, иногда* слишком большое напряжение».

В обоих названных минусах присутствуют пропозиции неуверенности, что говорит о том, что они не особенно значимы для человека. А это дает нам следующую информацию: кандидат приемлет авторитарный стиль управления.

«Каковы плюсы и минусы работы в условиях многозадачности?»

«Это всегда интересно, отсутствует однообразие, всегда можно расставлять приоритеты. Минус — *есть вероятность* неправильной расстановки приоритетов, *ну и* риск не справиться *в полном объеме в отведенное время с тем качеством, которого бы хотелось*».

В перечисленных плюсах отсутствует пропозиция неуверенности, однако она есть в минусах. Формулировка «есть вероятность» указывает на то, что для кандидата это не системный минус, а вероятный (может появиться, а может и нет). Слова «ну» и «с большой вероятностью» говорят о том, что данный минус человеку было сложно придумать, то есть он для него не очень актуален. Последняя фраза («в полном объеме...») свидетельствует о том, что человек верит в возможность выполнения задачи, но допускает какие-то отклонения. Необходимо уточнить, какие именно ошибки в расстановке приоритетов и отклонения от надлежащего качества были в прошлом кандидата либо каких моментов он опасается в будущем, если негативного опыта не было.

**2.5.**

«Были ли конфликтные ситуации в коллективе, которым вы руководили?»

«Коллектив был большой и женский, соответственно, в женском коллективе конфликты неизбежны. Я гасила их на месте, так что *даже сплетен не было*».

Выделенная фраза указывает на то, что отсутствие сплетен в женском коллективе кандидат считает своим супердостижением. Это может говорить как об имеющемся опыте (с большим трудом пришлось бороться со сплетнями в коллективе), так и о скептическом отношении к женским коллективам в целом. Разберитесь, почему в ответе кандидата появилась данная формулировка: задайте вопрос, какой опыт был в прошлом при работе с женскими коллективами. Можно также проверить отношение к таким коллективам с помощью метода «три плюса и три минуса».

**2.6.**

«Были ли конфликты в коллективе, которым вы руководили?»

«Коллектив был женским, но *и в женском коллективе* можно предотвращать конфликты».

Комментарии примерно такие же, как в предыдущем случае, только здесь уже речь идет не о сплетнях, а о конфликтах, так что уточнение тоже должно быть именно про конфликты.

## 2.7.

«Ваш коллега, руководитель другого подразделения, на общем совещании в жесткой форме (на повышенных тонах) говорит вам об ошибке вашего подчиненного. Ваша реакция?»

«Я попрошу коллегу успокоиться и предложу обсудить это тет-а-тет после совещания».

«И, соответственно, что вы будете делать после совещания?»

«*Ну*, выясню, *соответственно*, зачем он так поступил, и потом скажу свое мнение об этом, предоставлю обратную связь».

Выяснение мотивов негативного поступка коллеги имеет пропозицию неуверенности (на это указывают «лишние» слова), а вот предоставление обратной связи не содержит такого подтекста. Это может быть связано как с тем, что кандидат дает социально желательный ответ (и на самом деле у него нет ни привычки, ни желания выяснять причины — он предпочитает сразу действовать), так и с тем, что у него не было подобного опыта и он не уверен, что сумеет выяснить причины. Нужно уточнить, какая из гипотез верна. Спросите о прошлом опыте, а также задайте вопрос: «Как именно вы будете выяснять причины такого поведения?»

«Почему некоторые идут на конфликт, а другие стремятся его сгладить?»

«*Как мне кажется*, это личная особенность, своего рода константа характера человека. *Кто-то* боится, *кто-то* нет. *Стоит* бояться, когда результатом конфликта может быть негативное развитие ситуации для компании. Тогда *стоит* конфликт изначально предотвращать. Если же конфликт может привести к конструктиву, то его *стоит* анонсировать и решать».

Не очень свойственные для данного кандидата слова «мягкой» неуверенности («мне кажется», «стоит»), а также безличное местоимение «кто-то» (то есть не факт, что я) наводят на мысль о необходимости перепроверить данный ответ.

Он слишком похож на рационализацию (абстрактное рассуждение вместо ясного ответа). Понять, как на самом деле кандидат относится к конфликтам, можно так: попросите его привести конкретные примеры ситуаций, в которых конфликт надо а) предотвращать, б) решать. Кроме того, можно применить метод «три плюса и три минуса» для понимания отношения кандидата к данному вопросу.

**2.8.**

«Три плюса и минуса работы с людьми?»

«Плюсы — это общение, это новая информация. Минус то, что *иногда* бывает негатив или стресс».

«Что значит "хороший руководитель"?»

«Четко ставит задачи, адекватно оценивает, понимающе относится *иногда к каким-то* личным моментам».

В обоих случаях пропозиции неуверенности и частичной актуальности («иногда») появляются в зоне минусов, а значит, плюсы для кандидата важнее.

«Почему одним нравится работать с документами, а другим нет?»

«*Кому-то, может быть*, нравится *ковыряться, возиться* с документами».

Причина появления безличного местоимения «кому-то» (может, я вхожу в это число, а может, и нет) могла бы быть под вопросом, если бы не пропозиция неуверенности (на нее указывает фраза «может быть») и явно негативно окрашенные слова «ковыряться», «возиться». Значит, мы можем смело сделать вывод о том, что кандидату явно не нравится работать с документами.

**2.9.**

«Как вы считаете, зачем люди делают карьеру?»

«Какую вы имеете в виду карьеру — *горизонтальную или вертикальную*?»

Наличие этого уточнения показывает, что по каким-то причинам данное различие существенно для кандидата. Следовательно, именно этот момент и нужно уточнить.

**2.10.**

«Что побуждает более эффективно работать и добиваться результатов?»

«*Конечно*, зарплата и премиальная часть. *Если* от выполнения плана *зависит* премия, то каждый *старается выполнить план и перевыполнить*».

Пропозиция уверенности (на это указывает слово «конечно») говорит о четкости определения ключевого мотива, а выделенные во втором утверждении формулировки свидетельствуют о зависимости стремления выполнить план от наличия премии. Следовательно, стоит выяснить, до какой степени наличие и размер переменной части оплаты труда будут влиять на стремление добиваться результатов. Не получится ли так, что при небольших бонусах кандидат не будет ориентирован на достижение плановых показателей?

## Задание 3

В ходе тренинга роль охранника на пульте пытается сыграть человек с более высоким уровнем образования и развития, чем это свойственно обычным охранникам. Найдите явные противоречия в его ответе и поясните, с чем они, с вашей точки зрения, связаны.

«Три плюса, три минуса работы охранником?»

«*Стабильность, наверное, меньше общения*, меньше стрессов. Минус — зрение портится».

«Что побуждает эффективнее работать?»

«Интересная работа, хороший коллектив, *общение с людьми, возможность развития*».

«Что значит “интересная работа”?»

«Куда идешь с удовольствием, день пролетает».

«Вы видите, что сотрудник наносит ущерб компании, но неосознанно, а по небрежности. Как вы поступите?»

«*Доложу* об этом руководителю этого сотрудника, потому что *его задача — разбираться с этой ситуацией*».

«Руководитель высокого уровня забыл в офисе ноутбук. Вы уже уехали и закрыли офис. Он просит вас приехать и открыть ему офис».

«*Если очень надо, то что делать?! Открою*».

Пропозиция неуверенности (на нее указывает слово «наверное») проявляется только в первом ответе. Это говорит о некоторой растерянности человека, ведь он играет несвойственную ему роль.

Мы видим прямое противоречие между ответами на первый и второй вопрос («меньше общения» и «общение с людьми», «стабильность» и «возможность развития»), что говорит о неискренности человека (в данном случае — в силу заданной ему роли).

«Доложу» — явно позиция подчиненного (не «сообщу», не «проинформирую», а именно «доложу»). Но она противоречит уверенному утверждению, что это «его задача — разбираться». Такой ответ больше подошел бы начальнику, нежели линейному исполнителю.

И, наконец, последний ответ выдает человека, у которого нет привычки четко подчиняться приказам, что также противоречит роли типичного охранника.

## Задание 4

Ситуация: подчиненному поставили задачу удаленно — по электронной почте. Затем происходит разговор с руководителем по телефону. Определите формулировки, указывающие на пропозиции. С чем связано появление подтекста? Что вы порекомендуете сотруднику в данной ситуации?

Руководитель: «Вы получили задание. *Ну и* сейчас я *готова была бы даже* выслушать вашу позицию. Как вы видите, *возможно*, есть *какие-то* варианты решения другим способом. Задача действительно очень амбициозная. *Если* вы ее выполните, то можете получить *реальное* повышение — я вас повышу до руководителя округа. *Надеюсь*, что задача будет выполнена. Теперь я готова выслушать ваши предложения и идеи».

Выделенные формулировки говорят о том, что для руководителя непривычна или дискомфортна ситуация, когда она выслушивает мнение подчиненного («даже готова выслушать»). Руководитель не очень уверена в том, что варианты решения задачи от подчиненного будут вообще и окажутся полезными («возможно», «какие-то»). «Если» может говорить либо о неуверенности в результате, либо о нежелании давать твердое обещание, ведь риск невыполнения задачи всегда есть. «Реальное» повышение вызывает вопрос: а какие еще варианты руководитель применял в своей практике, не склонен ли он к манипуляциям? «Надеюсь» — тоже может говорить о невысокой степени уверенности руководителя.

Подчиненный в данной ситуации должен взять всю информацию на вооружение и в очень корректной форме высказывать свое мнение, чтобы не навлечь на себя гнев руководителя и в то же время уверить его в выполнении задачи. Также стоит добиться максимально четкого закрепления договоренностей, чтобы повышение было действительно реальным.

## Задание 5

Проанализируйте с точки зрения пропозиций отрывки из фильмов. Какую информацию вы можете почерпнуть из этих отрывков?

### 5.1

Из фильма «Служебный роман».

«Людмила Прокофьевна Калугина — директор нашего статистического учреждения. Она знает дело, которым руководит, —

*такое тоже бывает*. Людмила Прокофьевна приходит на службу раньше всех, а уходит позже всех, из чего понятно, что она, *увы, не замужем*. Мы называем ее "наша мымра" — конечно, *за глаза*».

Первая из выделенных формулировок говорит о том, что знание дела, которым руководишь, — это скорее исключение, чем правило.

Фраза «увы, не замужем» характеризует отношение общества к данному факту — как к ситуации, достойной сожаления. Подтекст: незамужняя женщина не может быть счастлива.

Также нам становится очевидным, что прозвище настолько обидно, что его ни в коем случае нельзя говорить в глаза.

### 5.2

Из сериала «Кухня».

«А он мне и говорит: "Иди-ка ты, Максимка, на все четыре стороны". *Друг бы так не поступил*».

«Ну да. И маму твою *не стал бы настраивать* против тебя».

«Какую маму?»

«Мою маму».

«А чего, Костян знает твою маму?»

«Шеф знает».

«Шеф-то понятно! Но козел-то Костян».

«*Оказывается, не только он*».

В первых двух фразах диалога мы видим, что те, о ком говорят (Костян, а потом еще и шеф), не могут считаться друзьями из-за упомянутых действий, то есть эти действия оцениваются как негативные.

Формулировка последней фразы говорит о том, что второй участник диалога признает Костяна козлом, но при этом с удивлением относит к той же категории своего шефа.

Таким образом, из этого кратчайшего отрывка мы узнаем, какое поведение герои считают «недружеским», а также то, что для второго участника диалога поведение шефа оказалось неприятной неожиданностью.

## Задание 6

Проанализируйте переговоры между производителем (Иваном) и потенциальным дилером (Елизаветой) с точки зрения пропозиций и ответьте на вопросы: кто более уверенно чувствует себя в данной ситуации? В какой части переговоров снижается уровень уверенности Ивана? С чем это может быть связано и как могла бы это использовать Елизавета? В какой момент переговоров у Елизаветы повышается степень уверенности? С чем это связано?

«Очень приятно, меня зовут Иван. Мы с вами уже общались по телефону и вот наконец-то встретились лично. Скажите, пожалуйста, Елизавета, что для вас наиболее важно при выборе поставщика?»

«Добрый день, Иван. При выборе поставщика мне важно, чтобы это был… Вы видели, чем я торгую. Торгую я корпусной мебелью, хотела бы расширить свой ассортимент, потому что люди приходят, спрашивают про мягкую мебель, и мне хочется увеличить свой оборот, свои доходы повысить. Так как вы знаете, что площадь у меня небольшая, корпусной мебелью я торгую недорогих фабрик, и, соответственно, у меня такой сегмент покупателей ценового уровня — это класс эконом, максимум — класс комфорт. То есть мне надо, чтобы это было недорого. Так как у меня маленькие площади, мне нужен оборот, чтобы у меня модели… *Ну* не могу я себе позволить поставить много моделей в своем магазине, но чтобы мне это приносило прибыль».

«Так, Елизавета, если я вас правильно понимаю, то первоочередным для вас является повышение дохода. В дальнейшем, чтобы это все было недорого, в итоге вы должны повысить оборот».

«Ну да, *в общем-то*, что у меня спрашивают мои покупатели, которые ко мне приходят — интересуются такой недорогой мебелью».

«Хорошо. Вот смотрите, у нас на данный момент существуют модели экономкласса, которые, *в принципе*, соответствуют вашим ожиданиям. Моя цель — не поставить вам большие объемы, а сделать именно так, чтобы мы с вами в дальнейшем смогли сотрудничать, то есть первоочередно я хотел бы предложить вам поставить несколько моделей на вашу площадь, которые увеличили бы оборот с квадратного метра. Вот смотрите, к примеру, у нас есть ряд моделей, которые идут даже, так скажем, вне сезона. То есть смотрите, допустим, это такие модели, как "МК", "Виктория" и "Венеция 9". Что касается "Венеции 9", она разработана, скажем так, дизайн данной модели разработан в советской компании "Стэл", то есть, естественно, *достаточно такая* солидная модель…»

«Ну, наверное, она очень дорогая? У меня покупатель сможет ее купить?»

«*Знаете*, я считаю, что если человек заходит к вам купить корпусную мебель и если он *ориентирован на какую-то реальную покупку*, то есть если он берет на достаточно солидную сумму корпусную мебель, то я думаю, что его это, *в принципе*, заинтересует. Понимаете, сумма данных моделей, *в принципе*, обойдется вам в 60 000 рублей. То есть три эти модели соответственно, "МК", "Виктория" и "Венеция". Что касается "Венеции", как я вам уже говорил, она разработана в стэловской компании, то есть такие диваны стоят в других магазинах по 150 000. То есть фактически вы здесь выигрываете *достаточно* солидную сумму, то есть, затрачивая 60% по цене, вы выигрываете порядка 160 000–170 000 рублей».

«Понятно. *Я боюсь* тратить *свои* деньги… А на реализацию дадите? Ну боюсь я, *вы понимаете*, сейчас вкладывать деньги. Так как у меня несколько магазинов, но они у меня небольшие, *как бы все деньги* у меня в работе. Деньги должны работать, они не должны лежать, не должны стоять, занимать площадь» (*Примечание: имеется в виду, что не должна стоять мебель, в которую вложены деньги, при этом непонятно, продастся ли она.*)

«Да, я с вами согласен. *Понимаете, дело в том*, что мы не работаем на реализацию, зато у нас достаточно солидные скидки от объемов, то есть это раз. А во-вторых, что касается реализации — у нас определенные ценности, именно у нашей фирмы, в нашей компании, и с вами нам выгодней сотрудничать, *в общем-то*, на долгосрочной основе, избегая *вот этих вот* проблем, которые возникают при реализации».

«*Ну а вообще*, в чем выгода-то моя? С другими фабриками я уже провела свои исследования, то есть, *в принципе*, то, что вы мне предлагаете диваны, есть похожие диваны у других фабрик, но, при всем при этом, они могут мне их дать на реализацию. Почему у вас я эти же диваны должна взять по 100%-ной предоплате?»

«Извините, Елизавета, я *вот* вам задам вопрос. *Вот* вы сказали про другие фабрики. Скажите, ценовой сегмент этих фабрик совпадает *именно* с нашим?»

«*Ну* совпадает, совпадает. Я с такими фабриками, которые совпадает».

«То есть, *в принципе*, цены одинаковые?»

«Да. *Скажем так*, это, *допустим*, касается класса эконом, там какая-нибудь винтажка, евроэконом. *Ну да*, я хочу это себе поставить, *да*».

«Ага. Вы понимаете, Елизавета, во-первых, мы, скажем так…»

*Потенциальная клиентка перебивает Ивана*:

«Хорошо, Иван, вы мне скажите ваши преимущества, *скажем так*, перед другими фабриками, почему я не захочу брать у них на реализацию, а захочу купить у вас диван по 100%-ной предоплате и поставить его на свою маленькую площадь».

«Ну, во-первых, что касается преимуществ, у нас минимизирован, скажем так, срок изготовления, то есть срок изготовления продукции составляет около 14 дней. То есть от 14 дней до 21 дня, что фактически сокращает период заморозки вами денег. Далее по доставкам. Вы территориально далеко находитесь?»

«Все нормально, мы близко находимся».

«В дальнейшем, после первой поставки диванов, к вам выезжает ваш личный менеджер, уже прикрепленный непосредственно к вам, он общается уже с вашими менеджерами, делится с ними опытом. И следующее — это скидки от объемов».

«Да, все замечательно, все красиво, понятно. Вот, скажите мне, я не знаю мягкую мебель, всю жизнь работаю с корпусной, это что-то такое новое… А вот, например, что-то сломалось? Вообще, *как бы*, по общению с людьми я знаю, что тяжело решать такие вопросы, то есть устранять какие-то дефекты».

«Да, согласен. Что касается рекламации, у нас это решается очень быстро. Если такие вопросы возникают, в тот же день к вам наш выезжает менеджер, и либо мы забираем ваш диван, либо менеджер решает эти вопросы у нас — или на вашей площади».

«То есть вы хотите сказать, что вы забираете у меня диван и у меня опять стоит место пустое, а деньги вложены?»

«Да, то есть три-четыре дня — и все эти вопросы мы решим».

«А могу я получить взамен этого дивана другой?»

«Безусловно».

«То есть чтобы у меня площадь не стояла, не пустовала?»

«Конечно».

«Я согласна на эти условия».

Проанализировав диалог и выделив формулировки, указывающие на подтекст, мы можем сделать следующий вывод. Потенциальный дилер Елизавета чувствует себя заметно менее уверенно, нежели Иван, представитель компании-производителя. Ее речь становится более-менее уверенной только к концу переговоров (стало меньше «лишних» слов). Неуверенность может быть и чертой личности, но тогда она проявлялась бы постоянно. Но к концу переговоров Елизавета говорит вполне уверенно. Так что представляется более вероятным (исходя в том числе из содержания разговора), что неуверенность вызвана отсутствием опыта ведения дел в этом сегменте (продажи мягкой мебели). Для представителя продающей стороны отсутствие опыта собеседника — это сигнал: нужно быть очень осторожным и убедительным, чтобы не спугнуть клиента.

У Ивана бóльшая часть речи уверенная, нет пропозиции сомнения. Единственным исключением становится работа с возражениями. Очевидно, что этот навык нужно развивать, и тогда

Иван будет чувствовать себя более уверенно в этой части переговоров. Иначе ответы на возражения не будут вызывать доверия клиентов, особенно опытных и уверенных в себе.

**Иванова** Светлана

# Я СЛЫШУ, ЧТО ВЫ ДУМАЕТЕ НА САМОМ ДЕЛЕ

Главный редактор *С. Турко*
Руководитель проекта *И. Гусинская*
Компьютерная верстка *М. Поташкин*
В оформлении книги использовано
изображение фотобанка *Shutterstock*

Подписано в печать 17.11.2017. Формат 60×90/16.
Бумага офсетная № 1. Печать ролевая струйная.
Объем 9 печ. л. Заказ №          .

**ООО «Альпина Паблишер»**
123060, Москва, а/я 28
Тел. +7 (495) 980-53-54
www.alpina.ru
e-mail: info@alpina.ru

Знак информационной продукции
(Федеральный закон № 436-ФЗ от 29.12.2010 г.) 0+

Я КНИГИ

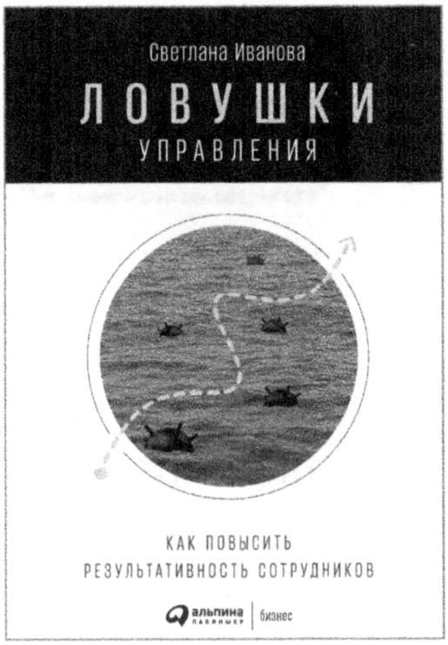


# Ловушки управления

## Как повысить результативность сотрудников

Светлана Иванова, 2017, 178 с.

*Написаны сотни книг, существуют целые теории управления. И тем не менее, когда обращаешь внимание людей на некоторые нюансы, они удивляются тому, что все так просто. Как же можно было пройти мимо очевидного и угодить в очередную ловушку?*

### О чем книга

Даже зная теорию, мы продолжаем допускать досадные ошибки, и вроде бы простые вещи порой вызывают трудности. Как же избежать ловушек, в которые попадают самые опытные управленцы? В своей новой книге Светлана Иванова рассказывает о тех сложностях, с которыми сталкиваются руководители, собственники бизнеса и специалисты по HR. На многочисленных примерах Светлана демонстрирует распространенные ошибки и ловушки, которые могут показаться очевидными — но только после того, как вы о них прочитаете.

### Кто автор

Светлана Иванова — бизнес-тренер, предприниматель, автор 15 книг, издающихся и переиздающихся с 2003 года. Эксперт в области управления и оценки персонала, лично провела более 12 500 интервью. Опыт руководящей работы в коммерции с 1995 года, преподавательской деятельности — с 1988 года. Опыт руководства рекрутинговым агентством, HR Director Johnson & Johnson Medical Russia & CIS, учредитель и руководитель тренинговых центров.
www. svetlanaivanova.ru

Покупая бумажную книгу на сайте **alpina.ru**, вы бесплатно получаете ее электронную версию. Подробнее на alpina.ru/free

TRY THE BOOK

“Рассмотрим такой вариант — одна и та же пропозиция постоянно проявляется у одного и того же человека. Например, сотрудник всегда начинает свой ответ так: «Ну как сказать, наверное...» — и происходит это не в какой-то одной ситуации, а во многих. Или кандидат на интервью неоднократно повторяет: «Честно говоря...» Ваш партнер по переговорам твердит: «Вы не сомневайтесь...» — хотя вы не выражали никаких сомнений. Так же, как часто повторяющиеся жесты, мимика и позы, постоянное наличие пропозиций указывает на типичные для человека состояния или модели поведения. Какова же схема анализа и работы с пропозициями в таком случае?”